愛欲與文明

關於佛洛伊德的哲學探討

A Philosophical Inquiry into Freud

Eros and Civilization

馬庫色 美國新左派理論之父 著
Herbert Marcuse

謹以此書紀念

蘇菲亞·馬庫色

SOPHIE MARCUSE

1901-1951

目錄 CONTENTS

政治序言（一九六六年） 5
初版序言 19
導言 21

第一部　在現實原則之下

第一章　精神分析的暗流 29
第二章　壓抑性個體的起源（個體發展） 41
第三章　壓抑性文明的起源（屬系發展） 77
第四章　文明的辯證法 101
第五章　哲學插曲 129

第二部　超越現實原則
第六章　既有現實原則的歷史限制　155
第七章　幻想與烏托邦　167
第八章　奧菲斯和納西瑟斯形象　185
第九章　美學維度　201
第十章　性慾轉變成愛欲　227
第十一章　愛欲與死欲　255
後記：對新佛洛伊德主義的批判　271
譯後記　311

政治序言（一九六六年）

《愛欲與文明》，書名上表現了一種樂觀、委婉、甚至積極的思想。也就是，先進的工業社會成就，能讓人類逆轉進步的方向，打破致命的生產力和破壞性、解放與壓抑的集合體——換言之，它讓人學會快樂的科學，並讓人學會如何利用社會財富、根據自己生命本能塑造人類世界，並在實際奮鬥中對抗死亡的威脅。這種樂觀源自一種假設，就是對統治持續接受的合理性已不再流行，匱乏和苦役的需求也只是為了維護統治制度而被「人為地」維持著。我當時忽略或低估了一個事實，就是這種過時的「合理性」，被甚至更有效的社會控制形式大大地強化（如果不是取代的話）。那股力量能安撫生存的掙扎，同時壓抑個體對這種解放的需求。生活的高標準無法將人類及其生活與其統治者相互調和，而靈魂的「社會工程」和「人際關係」的科學提供了這種必要的原欲貫注（libidinal cathexis）。在富裕的社會中，權威沒有必要證明統治的合理性。他們提供物品；供應人民性和攻擊能量上的滿足。就像無意識所做的那樣，他們成功地代表破壞的力量。他們也處在善惡之外，矛盾律在他們的邏輯中沒有立足之地。

當社會的富裕日益仰賴不間斷的生產力，以及消費垃圾、小玩意兒、計劃中的淘汰品，還有破壞手段的消耗，個體必須不只是用傳統的方式適應這些要求。即使在最糟糕的狀態下，「經濟鞭策」也似乎不再能在今日過時的社會組織中保證生存掙扎的持續性。法律與愛國主義也似乎無法保證大眾積極支持這種危險的、日漸擴張的系統。對本能需求的科學化管理，早就成為一種生產的重要因素，這是因為被購買及被利用的商品已被納入原欲（libido）的對象。國家所需打擊和憎恨的敵人，被扭曲和擴大到已足以在無意識深層激發並滿足攻擊性的程度。大量的民主提供政治化的工具，用來運作這種現實原則的內攝（introjection）；它不只允許人類（在一定程度上）選擇自己的領導者，以及（一定程度上）參與支配他們的政府事務——它同時允許領導者隱身於其控制的生產性和破壞性機制的科技面紗背後，且這種機制掩蓋了它帶給合作者那些好處和舒適時所付出的人（和物）的代價。自由的人們有效地被操縱和組織；無知、性無能、內攝的他律，是他們自由的代價。

討論自由之人的解放並沒有意義——而且如果我們不屬於那些受壓迫的少數人，我們就是自由的。當男男女女享受著前所未有的性解放時，談論額外壓抑（surplus repression）也是沒有意義的。但真相是，這種自由和滿足，將地球變成了地獄。這些地獄集中在許多遙遠的地方：越南、剛果、南非，以及在富裕社會的隔離區中，如密西西比州、阿拉巴馬州和哈林區。這些地獄之地代表了整體問題，把它們看作是成長中的社會裡貧窮與苦難的一小部分，而且能逐漸地、無災無難地減少這些區域，這麼看似乎簡單又明智，這種解釋甚至是實際的和正確的。但問題是，減少這些區域的代價是什麼？代價並非是錢財，而是生命和人們的自由。

我在使用這個詞——自由（freedom）——的時候是很猶豫的，因為一些有違人性的罪惡正是以自由之名犯下的。這種情況不是歷史上的新鮮事，貧窮和剝削是經濟自由的產物；一而再、再而三地，人民被他們的君主和領導人解放了，但他們的新解放結果卻變成服從，而且不是服從於法律的作用，而是服從於他人的法律作用。一開始是以強制力去執行的，但很快就變成「自願被奴役」，配合生產出一種奴役逐漸有報償、逐漸令人接受的社會。生產力則更大、更好了，並且更清晰且明顯地，關閉了其他可能的生活方式，這種生活方式遠離了農奴和主僕、遠離了壓抑的生產性。

今日，這種自由和服從的結合變得更「自然」了，而且成為進步的媒介。繁榮越來越成為自動化生產的前提和副產品，這種自動化生產一直在外部與內部空間中尋找消費和破壞的新出路，同時被限制向災難之地「投入滿溢的過剩品」——無論國內或國外。人類作為抵抗這種自由和攻擊的自由形象瓦解了：它成為**顛覆這種進步**的計劃，對本能追求自由和寧靜需求的解放，對非社會的自主愛欲的解放，預設了從壓抑性的富裕中解放：一種進步方向的逆轉。

我在《愛欲與文明》提到過，並在我的《單向度的人》（*One-Dimensional Man*）中有更完整發展的一個論點，就是人類唯有透過達成一種新的起點，才能避免通過福利去獲得福利的國家命運。這種起點可以讓他們重新建構新的機制，不用抱持「內在心理的禁慾主義」，這種心理是統治和剝削的基礎。這種人類的形象是對尼采的超人（supermen）的斷然否定：超人有足夠的智力和健康，不崇尚任何英雄和英雄式的品格；他不會衝動地讓自己活得危險；不會衝動地面對挑戰；他具有善心能讓生活以自在為目的，生活在愉悅之中而毫無懼怕。「多形態的性慾」（Polymorphous sexuality）是我用來指稱進步新方向的詞彙，這將完全取決於受壓抑或阻礙的**器官**（**organic**）之生物需求是否有機會重新活絡起來，也就是讓人類身體作為快樂的工具而不是勞動的工具。老派的作法是發展時下流行的需求和機能，這似乎也不適合了；產生新的、不同性質的需求和機能，似乎才是解放的內容和先決條件。

這種新的現實原則的概念，是來自於某種假設：在我們這個時代發達的工業社會中，物質（科技）發展的前提條件如果不是確立，就是可被確立的、不證自明的。將科技能力轉移到現實當中，意味著一種革命，但這種民主內攝的範圍和效用已經壓制了歷史主體，也壓制了革命人士，即自由的人類並不需要解放，而被壓抑者並沒有強大到足以解放他們自己。這些條件重新定義了烏托邦的概念：在所有歷史的可能性中，解放是最實際且最具體的，同時也是最合理和最有效地壓抑著的——也即，是最抽象和最遙遠的可能性。沒有任何哲學，也沒有任何理論能撤銷將領導者民主內攝進他們的主體中這件事。在略微富裕的社會裡，當生產力達到某種層次，在這個層次中，群眾參與了其中的好處，且這種層次中的反抗也被有效且民主地「遏止」了，那麼領導者和奴隸之間的衝突也同時有效地被遏止了，或者可以說，這種衝突改變其社會地位。而在落後國家中，對抗難以容忍的殖民主義傳統及其延續即新殖民主義，衝突才會存在並爆發。馬克思（Marxian）明確地說過，只有那些不受資本主義保障的人，才可能將資本主義改變成自由的社會，也就是，他們的生存本身就是對資本家財產的否定，因此才能成為解放的歷史人士。馬克思的思想遍布世界，每次都全然地恢復其有效性。當剝削的社會變成全球性力量的程度、當新獨立的國家成為他們利益的戰場，叛亂的「外在」力量就不再是外在的了，它成為了制度內部的敵人。這並不會讓這些叛亂者成為人道的傳訊者，他們本身（像馬克思無產階級那樣）並不是自由的代表。在這裡同樣可以運用馬克思另一個概念：國際無產階級從外部獲得思想盔甲，因為思想的光芒會觸擊「單純的無邪大眾」。關於理論和實踐統一的宏大理想，對這種統一的弱點沒有看清楚。然而，落後國家的反叛已在先進國家中獲得響應，那就是年輕人抵抗富裕社會的壓抑和海外戰爭。

一方面是抵抗虛假父親、虛假老師和虛假英雄，一方面是世上悲慘的人們團結起來，這兩者之間是否具有某種「有機的」連結呢？那似乎近似於一種本能的團結，在國家中反抗國家似乎大部分是衝動層面的，其目標很難被確立，它是由生活方式造成的反噬、是生理和心理衛生狀況的反叛、身體與機器相抵抗——並非是抵抗讓生活更方便、更和平的那種機器，也不是那種用來防衛自然冷酷性的機器，而是抵抗那些取代這些機器的體制：政治的機器、財團法人的機器、文化和教育的機器，它是祝福和詛咒焊接成一個合理的整體，這個整體後來變得太過巨大，它的凝聚力太過強大，它的功能太過有效——那些否定的力量是否仍集中在未被征服的、原始的固有元素部分？身體抵抗著這種機器，男人、女人和孩子都在抵抗，拿著最原始的工具，對抗有史以來最野蠻和破壞性的機器，並持續審查著——難道我們這個時代的革命是一場游擊戰嗎？

歷史上的落後現象可能成為歷史性的機緣，讓進步的輪子改往其他方向。當雷達裝置的轟炸機、生化武器和富裕社會的「特別力量」在最貧窮地區的柵欄、醫院和稻田投放攻擊時，科技和科學的過度發展遭到斥責，這些「意外事件」揭示了一種內容，也即它撕開了科技的面紗，看見隱藏的真實力量，過度殺戮和過度摧　的能力，以及伴隨著心理行為，是生產力量在剝削和壓抑的制度中產生的副產品；這種制度越是具有生產性，就越能讓特權者過得舒服。現在富裕社會證明了那是建立在戰爭上的社會，如果人民沒有發現這件事，那些犧牲者已經發現了。

較晚發生的科技落後文明有歷史上的優勢，它們也許能跳過富裕國家的階段。由於貧窮和脆弱，落後的人民可能被強迫放棄科學和科技方面的攻擊性和浪費性的利用，好讓生產力的機制能適度使用，在其控制中，為了滿足並發展重要的個人和集體所需。

以過度開發的國家來說，這種機會無異於廢除維持人類勞動的條件，在這種條件下，人類勞動是自我推進的力量，他從屬於生產性的機制，且這種機制是為生存而掙扎的過時形式，對這種形式的廢除，就像一直以來那樣，是政治行動的任務。但在現在的情況下存在重要的差別。之前的革命會帶來生產力更大且更合理的發展，但現在在這些國家中，革命意味著逆轉這種趨勢，減少它的過度發展，以及它的壓抑和理性。對富裕生產力的拒絕並不等同於純粹的、簡單的和自然的狀態，它反而可能是成為一種人類（和武器）更高度發展的象徵。源自科技社會的成就，當浪費和破壞的物品不再持續生產了（代表資本主義徹底終結的階段），這些產品施加於人類身體與心理的肢解狀態就撤銷了。換句話說，對環境的塑造、對自然的改變，可以被原欲推進，而不是壓迫生命本能。攻擊性也會服從本能的要求。

落後國家的歷史性機會在於：它缺乏了造成壓抑性剝削科技，以及為攻擊性的生產而工業化的條件。富裕戰爭國家在落後國家中釋放殲滅性的力量，這個事實說明了威脅的強度，在落後人民的反抗中，富裕的社會在某種基本且野蠻形式中，面臨的不只是傳統意義下的反抗，而且更是一種本能性的叛變——也就是生物學上的仇恨。在高度科技化的時代，遍布的游擊戰就是一種代表事件：人類身體的能量反抗那令人無法忍受的壓抑，並起身反抗造成壓抑的機器。也許叛亂並不了解如何組成社會，或如何建構一種社會主義的社會；也許他們受他們自己的領導者所恐嚇，而領導者稍微知道該如何組織社會，但這些反叛者充滿恐懼的生活完全需要被解放，且他們的自由與過度發展的社會相互矛盾。

西方文明總是美化英雄，為了它的城市、國家、世界而犧牲生命；但它很少問人們是否值得為建立城市、國家或世界犧牲？代表著整體無庸置疑的特權的禁忌，總是被維持和執行著，人們越是認為整體就越是由個體所組成，就越殘忍地去維持和執行這種禁忌。現在的問題是——從外部問，而且是由那些拒絕財富遊戲的人提出——拋棄這樣的整體，難道不是產生真正人類社會、國家和世界的前提條件嗎？

強而有力的國家擁有大量優勢。想評估落後國家的解放運動並非不切實際，評估其解放運動的願景才是不切實際的。科學、科技和金錢並非不能完成破壞的工作，並依其本身的面貌重建。進步的代價驚人地高，但我們必須去克服，不只是那些重要的犧牲者，甚至是國家的主人都是這麼說的。我們見過一些照片，是在越南一排半裸的屍體躺在勝利者面前，那就像所有在奧斯威辛和布痕瓦爾德的、精力耗盡的屍體那樣。沒有任何事、任何人可以制止這樣的行為，甚至反應再進一步攻擊的罪惡感也不行，但攻擊可能被轉向抵抗侵略者。「會治癒的傷口只能透過傷害它的武器來治療」，這個奇怪的神話在歷史上還未被驗證，因為摧　暴力之鏈的暴力可能開啟新的暴力之鏈。而且這種連續性及其對抗性將持續著。這並非是愛欲抵抗死欲的掙扎，因為社會本身有自己的愛欲：它保護、維持和擴大社會本身的生命。對遵守規定和壓抑他人的人而言，這是一個不錯的生活。但對一般大眾而言，保衛生命中的攻擊性與攻擊行動中的攻擊性相比，至少較不危及生命本能。

「保衛生命」這個句子在富裕社會中具有破壞性意義。它不只關於對新殖民戰爭和殘殺的抗議，冒著坐牢的風險焚燒兵役應徵卡、爭取公民權等，它甚至還拒絕使用富裕那死板的語言、拒絕穿乾淨的衣服、拒絕富裕的小玩意兒、拒絕旅行通往富裕的教育。新的波希米亞風格（法文 boheme），「垮掉的一代」和嘻皮、和善的怪胎——這所有的「頹廢」如今成為那些頹廢者們之所是，那是被詆　者可憐的避難所。

那麼，我們能否討論愛欲和政治間的關聯呢？

在這種有效率的富裕社會中，與之對抗的活動，不只是激進的抗議，甚至是嘗試制定、雄辯或宣稱要抗爭，都是幼稚、荒謬的不成熟行為。於是在柏克萊（Berkeley）的言論自由運動（Free Speech Movement）最後只成為一種四個字母的表象，這是荒謬和也許是「符合邏輯的」，同樣荒謬和正確的是，越南對抗殺戮者的示威者（其中包括嬰兒）身上寫著：做愛，不要戰爭（MAKE LOVE, NOT WAR），而人們試圖在這些智慧上找尋更深的意義。另一方面，對抗那些拒絕傳統並起身叛亂的年輕人們，是老舊秩序的代表，這些老一輩的人再也無法不在破壞性工作和浪費和汙染中保護自己的生命，他們如今包含了組織化勞動的代表性——資本家財產的職位仰賴於對現存社會制度持續的捍衛。

在不久的將來，這種結果是否具爭議？人民，也就是富裕社會中多數的人，都站在並非成為必然可能的那一面，且現存的秩序足夠強大有效、足以證明這種依存性的本身，保證了他們的延續性。然而，正是這種力量與有效性可能成為瓦解的因素。因為對「全日工時」這種（即使已經大大減少了的）過時需求的維持，會增加資源的浪費，創造更多不必要的工作和服務，以及培養軍事或破壞性的部門，升級的戰爭、對戰爭永恆的備戰狀態，和全面的控管足以讓人們被控制，但代價是，改變了社會所依賴的道德、科技和進步。技術的進步本身是維持現存社會所需，但它也培養了對抗社會化勞動組織的某些需要和機能。在自動化的歷程中，社會產品的價值在於備齊生產本身所需。最後，生產性勞動真正的社會需求減少了，多出來的空間就被非生產性的活動填滿，在現實中呈現前所未有的大量多餘、消耗和無謂的工作。雖然這些活動在全面性的控管下能被維持或甚至增加，但這種增長似乎存在著最高的極限。當生產性勞動的額外價值不再對非生產性工作具有效用，這種限制就產生了，勞動逐漸嚴重地減少似乎是不可避免的，且因為這樣，社會制度必須提供不用工作的職缺；它必須發展超越市場經濟的需求，甚至是不符合市場經濟的需求。

富裕社會用自己的方式為這種可能性準備，它透過組織「對美的渴望和對社群的渴望」，透過重溫「與自然的連結」、心靈的滿足，以及自豪與「為其自身的樂趣」而創造。這些給人真實感的宣告指出了一種事實，在已建立的制度中，這些願望轉變成了文化活動，由政府與大型法人團體資助——管理之手偶向群眾的靈魂。在這種願望中，不可能辨識出那些關乎愛欲的部分，以及壓抑性環境和壓力性生存自主性的改變。如果這些目標被滿足了，而沒有與任何市場經濟要求衝突，那它們必定是在商業框架中獲得的滿足。但這種滿足將無異於拒絕生命的愛欲能量，本能在經濟效益的去人化條件下，是無法自由的。確實，一方面，非經濟需求證實了勞動能被廢除（生命以及自身為目的）；另一方面，維持生命所需是必要的，這兩者之間的衝突完全可控制（特別是當內部與外部的敵人都能成為捍衛現狀的推進力量之時）。然而，如果伴隨並加重這種衝突的是在先進工業社會的絕對基礎上，也就是說，在自動化的歷程中資本主義企業逐漸被削弱，這種衝突就會變得具破壞性。

與此同時，有一些事必須完成。系統在它展現最野蠻力量之處，亦是最脆弱之處：在其軍事潛能升級時（也就是似乎隨著和平和戰備更頻繁地被中斷，而極需週期性地反覆實現），這種張力只有在最強大的壓力下才有可能被倒轉。且它的倒轉將在社會結構中開啟危險的關鍵點，因為它轉換成一種「正常的」資本主義系統，那很難不伴隨嚴重的危機和廣泛的經濟政治改變。今日，對戰爭和經濟的反對，觸及了根本問題：他們反對那些經濟和政治統治仰賴軍事建設在生產上的持續和擴大、反對它的倍增以及那些需要這種再生產的政策。這些利益並不難辨認，對抗的戰爭並不需要導彈、炸彈和汽油彈，但的確需要一些更難以生產的東西——就是散播無保留地、不受操弄的知識、意識。且至關重要的是，共同拒絕現在用來對抗人民而捍衛屬於統治者解放與繁榮的物質工具與思想工具。

工會勞動為捍衛現存運作程度，以及防止在生產性物質內容中勞動作用的減少程度，理智的技巧和能力成為了社會性和政治性因素。今日，科學家、數學家、技術員、工業心理學家和民意調查機構的拒絕相互合作，將導致一種效果，是連大規模的罷工雖曾達到過但如今無法達到的效果，就是開始扭轉形勢，為政治行動奠定基礎。這種想法似乎完全不切實際，但卻絲毫不減知識份子在當代工業社會關於立場和功能的政治責任。這種知識性的拒絕可能在另一種催化劑上獲得支持，那就是抗議的年輕人本能性的拒絕。他們的生命是作為賭注的，就算不是生命，也是用來作為健全人類的心理健康和才能。他們的抗議會持續著，因為那是生物所需。「自然而然地」，年輕人就站在愛欲抵抗死亡的生存奮鬥最前線，並同時抵抗那努力將「向死亡繞道」縮短的文明。但在被控管的社會裡，生物學的需求並不會立刻成為行動；組織需要反組織，今日，為生命的奮鬥、為愛欲的奮鬥、也就是為**政治**的奮鬥。

初版序言

本書之所以採用心理學範疇，是因為這些範疇已經變成政治範疇。過去傳統將心理學放一邊，政治和社會哲學放在另一邊的狀況，也因現在時代人類所處的條件改變而過時了。過去自主和獨立的心理過程已被個體在國家中的功能吸收掉了，也即被其公共存在性吸收掉了。心理學問題於是轉變為政治問題：私人疾患比以前更能直接反映出整體的疾患，且對個人疾病的治療比以前更直接仰賴於對社會整體的治療。這個時代傾向極權主義，即使在還沒有產生極權國家的地方也是如此。心理學是可以作為一種特殊的訓練加以論述和實踐的，只要其精神經得起公共力量的抵抗，只要私人是實在的，真正被渴望的，以及能自我塑造的；如果個人沒有能力也沒有潛能為自己而存在，那麼心理學這詞就成為一種決定精神為何物的社會力量。在這種情況下，在社會和政治的事件分析中加入心理學，恰好意味著從事的是被這類事件宣布為無效的方法。而我們的任務正好相反：揭示心理學概念的政治和社會學內涵。

我試著重新規定這些基本問題，並以一種目前尚未被開發的方向來探討。我也注意到，這些探討是試驗性的，我也期望在不久的將來能繼續討論其中的某些問題，特別是美學理論。

本書闡述的一些概念，最早是源自一九五〇到一九五一年我在華盛頓精神病學院（Washington School of Psychiatry）的一系列演講中。我想感謝華盛頓的Joseph Borkin先生，他鼓勵我寫這本書。我深深感謝已故的Clyde Kluckhohn教授和哈佛大學Barrington Moore教授，紐約Henry博士和Yela Loewenfeld博士，他們閱讀了手稿並給予我珍貴的建議和批判。本書內容完全由我本人負責。我在理論上的觀點受惠於我的朋友霍克海默（Max Horkheimer）教授，以及他在法蘭克福社會研究所的同事們。

導言

佛洛伊德（Sigmund Freud）主張，文明的基礎是對人類本能持續地征服。這個主張被認為理所當然，但他的疑問，即對本能的征服所施加於個體身上的痛苦，是否對文化是具有好處的，卻沒有被認真考慮，尤其佛洛伊德本人也認為這種過程無法逆轉，人類本能需求的自由滿足，與文明社會是相抵觸的，因為放棄與延遲滿足是這過程的前提條件。「快樂，」佛洛伊德說：「不具任何文化價值。」快樂必定服從於全職工作的紀律、服從於一夫一妻制的規範、服從於現行社會的法律和秩序。正是**文化**讓原欲（libido）循序漸進地犧牲，並將它死板地強行轉向到實用的活動和表現上。

這種犧牲已經獲得很好的報償了：在技術先進的文明區域中，對自然的征服幾乎實現了，更多人的更多需求得到前所未有的滿足。受人存疑的、支配了西方文明過程的「原則」，其影響根源並不是機械化和標準化的生活，也不是心靈的貧乏，更不是現在逐漸增加的破壞性。生產力的持續增加不斷實現著更加美好的生活。

然而，強化的進步似乎和強化的不自由捆綁在一起，人對人的統治逐漸增加範圍和效力，這貫穿了工業文明世界。這並不是進步之路上一種意外且暫時的倒退過程。集中營、種族滅絕、世界大戰，以及原子彈，並不是「脫序進入野蠻狀態」，而是當代科學、科技和統治成就的非壓抑性運作。且人對人最有效的征服和統治，往往發生在最高度發達的文明中，發生在人類物質和智力的成就似乎足以創造真正自由世界的那一刻。

這些對現在文化的負面觀點可能正好指出了現行體制的過時，以及文明新形式的產生：也許，越是用力維持壓抑，壓抑就越變得不必要，如果壓抑正是如此屬於文明的本質，那麼，佛洛伊德以壓抑作為文明代價的疑問就變得毫無意義了——因為沒有其他可替代的。

但佛洛伊德自己的理論提供了他用壓抑定義文明的反面理由。根據他自己理論上的成果，必須重啟對這個問題的討論。是否自由與不自由、生產力和破壞性、統治和進步之間的關係，真的構成了文明的原則？或者，這種關係只是人類特定生存歷史組成的結果？用佛洛伊德的話來說，這種快樂原則和現實之間的衝突是否無法調和，以至於必須壓抑性地轉變人類的本能結構？或是，基於根本上不同的生存經驗，人和自然間根本上不同的關係，以及根本上不同的存在關係，而允許一種非壓抑性文明的存在？

非壓抑性文明的概念不只是當作一種抽象和烏托邦式的學說在討論，我們相信，這個討論將在兩種具體和實際的基礎上被證實：第一，佛洛伊德的理論概念本身似乎反駁了對非壓抑性文明歷史可能性的持續否定。第二，壓抑性文明的絕對成就，似乎創造了壓抑逐漸過時的前提條件。為了闡述這些基礎，我們需要重新詮釋佛洛伊德的理論概念，這是根據其本身的社會歷史內容作詮釋的。

這項程序意味著對新佛洛伊德學派修正主義者的反對。與修正主義相反，我相信佛洛伊德的理論本質內容正是「社會學的」[1]。且為了揭示這種內容，並不需要新的文化或社會學定調，佛洛伊德的生物學主義（biologism）在深刻層面是社會學理論。這一直被新佛洛伊德學派忽略，他們將重點從無意識轉向意識，從生物學因素轉向文化因素，他們斷絕了社會在本能上的根源。取而代之的是將個體所面對的社會當成是他現成的「外在環境」，而未探問其來源和合法性。新佛洛伊德對這個外在環境的分

1　為了討論精神分析的社會學特徵，請參見 Heinz Hartman, "The Application of Psychoanalytic Concepts of Social Science", in *Psychoanalytic Quarterly*, Vol. XIX, No.3 (1950), Clyde Klucknohn, *Mirro of Man* (New York: McGraw-Hill, 1949)；Heinz Hartman, Ernst Krist, Rudolph M. Lowenstein, "Some Psychoanalytic Commons on 'Culture and Personality'", in *Psychoanalysis and Culture: Essay in Honor or Géza Róheim* (New York: International Universities Press, 1951)。

析於是屈服於社會關係的神祕化，且他們批判性的活動只在被堅定認可並受到妥善保護的現存體制中游移。結果，新佛洛伊德主義批判在某種嚴格意義下的理想主義中倖存下來，它沒有外乎於現存系統的概念性基礎，它大部分的批判性理想和價值是系統所提供的。理想主義道德和宗教慶祝著它們快樂的復興：它們用來裝飾自己的，正是最初駁斥並聲稱有害的心理學詞彙。如此可以遮蔽他們與官方願望和宣揚態度的一致性[2]。而且，我們相信對文明歷史結構最具體的洞見，恰好就是包含在修正主義者拒絕的概念中。幾乎是佛洛伊德全部的元心理學（metapsychology），也就是他晚期的本能理論，其中他對人類前歷史的建構就屬於這種概念。佛洛伊德本人僅僅將這些概念視為工作假說，有助於闡明某些模糊之處，並在理論上未能連結之處建立暫時性的連結，隨時能夠修正。且如果這些概念不再能促進精神分析的理論和實踐，就會被丟棄。在佛洛伊德之後的精神分析理論發展，這種元心理學幾乎全部被排除。由於心理分析受到社會和科學的尊重，它就擺脫了危及性。所謂的危及性，的確不只有一種意義：不只是它超出了臨床觀察和治療實用的範圍，而且它們甚至比佛洛伊德早期用「泛性論」解釋人，更加冒犯社會禁忌，也就是揭露文明的破壞性基礎。隨後的討論將試圖

2 對新佛洛伊德修正主義更詳細的討論，請見本書後記。

呈現禁忌的精神分析見解（甚至是在精神分析中的禁忌），以解釋文明的基本傾向。

本書的目的在於貢獻精神分析**哲學**——而不只是精神分析本身。它只在理論範圍研究，而不涉及精神分析現成的技術層面。佛洛伊德發展一種人的理論，一種嚴格意義上的「心理學」，這個理論使佛洛伊德被納入偉大的哲學傳統中，並具備哲學資格。我們的重點不在於更正或改良佛洛伊德概念論述，而是專注於其哲學和社會學意涵。佛洛伊德確實將他的哲學從科學區分出來，而新佛洛伊德主義者則否認了他大部分的哲學性。在治療層面，這種否認可能可以被完美證明，然而，沒有任何治療上的爭論能阻礙理論結構的發展目標：不在於治療個人疾病，而是診斷整體的失調狀態。

這裡對部分術語的初步解釋是有必要的：

「文明」（Civilization）和「文化」（Culture）在用法上是可互換的，正如佛洛伊德在《文明及其不滿》一書對這兩個詞的使用。

「壓抑」（Repression）和「壓抑性」（Repressive）並沒有專門定義，它們同時表明了意識和無意識、外在和內在之間的約束、限制和抑制過程。

「本能」（Instinct）源自佛洛伊德的「本能」（德文 Trieb）概念，是指人類有機體最初的「驅動力」，且是服從歷史性修正的心理和身體表現。

第一部

在現實原則之下

第一章

精神分析中的暗流

在佛洛伊德的理論中，「人」的概念是對西方文明最難以駁斥的控訴，但與此同時，也是西方文明最堅不可摧的防禦力量。根據佛洛伊德的說法，人的歷史就是人受壓抑的歷史。文化，不但約束了人類的社會性，還包括其生物性，而且並非只限於人類某一部分，更直接作用於人類本能的結構。然而，所謂「約束」卻正好成為文明進步的必要前提。放任人類本能追求這些自然目的，則這些追求到的目標，將與本能無法適當結合與保存，因為它們結合之處也是分裂之處。未加以控制的愛欲（Eros），就跟它的死對頭「死亡本能」（the death instinct）一樣，是致命的。兩者的破壞力皆源自文化無法容許的滿足，無論是滿足本身，或以滿足為目的的企圖。這些本能最終會偏移目標並抑制其企圖。正是這些原始意圖，也就是需求的整體滿足，被成功放棄時，人類文明才得以展開。

本能的變遷正是人類心理機制（mental apparatus）的變遷。人類本能來自於動物性的衝動，且被外在現實所影響。動物性的衝動之「所在地」與方向保持不變，然而，目標和外在主觀表現卻會改變。任何一個精神分析的概念（如：昇華、認同、投射、壓抑、內攝等），都意味著本能的可變化性。但是，塑造本能、需求與滿足的這個現實世界，是一個社會性的現實世界。動物性的人類要變成文明中的人類，必須徹底轉化他們的天性。並不只有本能目標要被轉化，還包括本能的「價值標準」，意即，達成目標背後的決定性原則。決定價值標準的系統，可如下定義：

改變前	**改變後**
立即滿足	延遲滿足
快樂	限制快樂
愉悅（玩）	勞碌（工作）
感受性	創造性
沒有壓抑	安全感

佛洛伊德將此稱為**快樂原則**到**現實原則**的轉變。佛洛伊德理論對於「心理機制」的解釋即是按照這兩種原則為基礎。儘管他後來作了許多二元概念的修正，但仍維持此兩種原則。這種解釋大抵上（並非全然地）回應了無意識與意識的區別。可以說，個體的生存區分成兩個方面，且各自具有不同的心理過程和心理原則屬性。兩者不但是遺傳史上的差異，更是結構上的差異：無意識，遵循著快樂原則，蘊涵「較古老且

基本的過程，所有心理發展過程都是此過程的一種殘留之物」。無意識致力於「將快樂從任何不快樂（痛苦）的心理過程中拉回來，無意識只想要快樂」[1]。可是，無限制的快樂將與自然環境和人類環境產生衝突。於是個體開始悲哀地認識到：全然無痛苦地滿足需求是不可能的。在經歷這種失落的經驗後，新的心理功能取而代之，也就是，現實原則取代了快樂原則：人們學到必須放棄即刻的、不確定的和具有破壞性的快樂，轉而致力於延遲、受約束但卻「保險」的快樂[2]。依據佛洛伊德的說法，由於這種放棄和約束能獲得持久的益處，現實原則對快樂原則將採取「保障」而非「廢黜」、「修正」而非「拒絕」。

然而，精神分析也解釋並闡明，現實原則改變的並不只是快樂的形式或時機，更改變了快樂的實質內容。主要是因為，在滿足本能時引起的破壞力量，對建立社會常模和社會性的關係是無益的，所以現實原則在調控快樂的過程中，也讓快樂的本質發生改變。

---

1 "Formulation Regarding the Two Principles in Mental Functioning", in *Collected Papers* (London: Hogarth Press, 1950), IV,14 摘錄內容獲出版商許可。

2 同前註，p.18。

為了建立現實原則，快樂原則不能只是一連串的動物性驅力，而是漸漸變成有組織的自我。它將努力不讓自己與賴以生存的環境受到傷害，從而將「有用的事物」作為追求目標。在現實原則的運作下，人類建立了**理性**功能。所謂的理性，指的是：學會「衡量」現實，分辨出好與壞、真與假、有用與有害的，並因此獲得必要的專注、記憶和判斷等能力。人成為一個有意識的、會思維的**主體**，並將自己嵌入那些外在強加於它身上的理性當中。現實原則鑄造了新的心理機制，然而只有一種思想活動「倖免於難」，並得以和理性意識分開來，那就是**幻想（Phantasy）**。幻想是在「（精神性的）[3]文化改變中被保護的」，並且繼續效忠於快樂原則。另外我們還可以看見，心理機制有效地服從現實原則，快樂原則支配下的「自動釋放功能」，曾是用來「減輕外在刺激負擔」的心理裝置，如今在現實原則的支配下，已被「恰當地替換」成**行動**[4]。

從此之後，人類欲望的規模和手段隨之大幅提升，且原欲「有用化」的能力也被

3 譯註：作者原意應為個人精神被文化影響的程度，並非指外部環境的文化建設、社會文化等等，而是隨著文化發展進而轉變的心理狀態。

4 同前註，p.16。

持續地、有意識地增長。然而從今以後，無論是人的欲望或對現實進行的轉變，都不再屬於他自己：它們已被社會「重新組織」起來，而這個「重新組織」的過程，壓抑並改變了原始本能的需求。如果說，沒有壓抑的狀態即是自由的狀態，那麼，文明就是與自由極力對抗的狀態。

對人類而言，快樂原則被現實原則取代，是一個巨大的創傷事件——這對於屬系而言（屬系發展學）或個人而言（個體發展學）皆是如此。佛洛伊德認為，這個創傷事件並非特殊案例，而是貫穿歷史並反覆發生於人類整體或個體之中。就屬系層面來說，現實原則對快樂原則的取代是從**原始部落**開始，**部落酋長**（通常也是大家族的父親）[5]獨攬權力與快樂，並強制兒子們克制欲望。而從個人層面來說，則發生在幼年早期，父母及教育者強迫孩子歸順現實世界中的規則。然而無論屬系或個人層面，這樣的歸順會不斷被重新複製。原始部落裡的父親訂下了律法，而在兒子們第一次反抗並推翻這個律法後，又會重新複製建立律法的過程，接著，兄弟們建立起氏族，社會和政治的管理發展成體制化，現實原則便在系統化的體制中得以實踐。至於從這種系

5 譯註：作者指的是最初由大家族組成的部落結構，因而酋長通常是父親。

統化的體制中生長出來的個體，則學會將現實原則的要求視為法律和命令，並繼續傳承給下一代。

事實上，現實原則在人類的成長中不斷被重新建立，這就表示人從未真正完全且穩妥地壓制住快樂原則，在佛洛伊德的概念中，文明並不是從此一勞永逸地終結人類的「天然狀態」。那些被現實原則管制和壓抑的快樂原則需求，會不斷在文明自己內部存在著。快樂原則的需求被擊退之後，被無意識所保存。那些快樂原則的完整能量，儘管被外部現實打擊或甚至根本不可能實現，但仍不單只是倖存於無意識裡，而是以許多且廣泛的方式影響著現實世界。文明裡的禁忌與地下化存在，即是由這些**被壓抑所擊退**的快樂原則能量組成。對歷史的探問不但能發現個人的祕密，更能揭穿整體文明的祕密。佛洛伊德的個體心理學，本質上就是社會心理學。壓抑是歷史性的現象，用壓抑作為一種控制，從而對本能進行有力的征服，這並非出於自然，而是出於人類。將原初的父親作為宰制原型，爾後便開啟了奴役、叛變、再度統治等連鎖反應，進而造就人類文明的歷史。但是，自從第一次叛變後的政權更迭，來自外部的壓抑獲得了內部的支持：失去自由的個體將統治者和他們的命令往內收攝到心理機制中，反對自由的抗爭在人類精神中被複製，並作為個體的自我壓抑。然後，這個壓抑會反過來支持統治者和制度，佛洛伊德正是以這樣的心理功能展現文明的原動力。

佛洛伊德指出，本能壓抑性的改變，被「原始而永存的、為生存而戰的奮鬥」支持著，「一直持續到今日」。匱乏感（德文 Lebensnot，希臘文 Ananke）讓人們學會不能自由無度地滿足本能衝動，也就是說，生活在快樂原則裡是不可能的事。社會對於本能結構進行毅然決然的改變，乃是出自於「經濟考量，如果成員們不盡一己之力工作，社會就無法獲得足夠的生存資源。成員們的數量必須有所限制，且性能量必須轉移至工作上」[6]。

這個概念與文明一樣歷史悠久，並且讓壓抑變得合理。在相當程度上，佛洛伊德的理論提供了此觀念的佐證：佛洛伊德認為，「為生存而戰的原始奮鬥」是「永存的」。他相信快樂原則和現實原則是「永恆對立的」，沒有壓抑的文明是不可能存在的。這個主張成為佛洛伊德理論的基石。同時，他的理論還包括了針對合理化壓抑突破性的元素。這些元素打破了西方統治背後邏輯的傳統，甚至暗示這個傳統的可逆性。他的研究特徵在於，堅持不懈地揭穿那最高水準及最高成就的文明背後存在的壓

---

6 *A General Introduction to Psychoanalysis* (New York: Garden City Publishing Co., 1943), p.273。

抑性。對他來說，理性並不等同於既成的文化意識形態的壓抑。佛洛伊德的元心理學不斷更新，企圖拆穿並質問文明與野蠻之間恐怖的內在連結命題、進步與痛苦、自由與不快樂。而正是由於此內在連結，最終揭示了愛欲與死欲間的關係。佛洛伊德並非是浪漫主義者或作烏托邦式的提問，而是源自於推行此概念所涉及的痛苦與悲慘。文化自由是根據不自由給出的，文化進步則根據約束給出，但文化並未因此被排斥，不自由和約束恰好是應當付出的代價。

但正當佛洛伊德探尋欲望的廣泛性與深刻性時，他對於人類受禁忌吸引這件事持正向的態度：因為那是自由與必然的相符之處。無論「解放」是如何存在於意識現實，它仍不過是原欲的衍生物、妥協過後的自由與交出完整快樂時得到的報酬。目前為止，幸福仍是指完整的快樂，文明條件下的自由，本質上與幸福是對立的。這種自由涉及了壓抑性的改變（**昇華**）。相反的，無意識，心智人格中最深邃也最古老的層次，即是追求完整快樂的驅動力自身，而沒有缺乏和壓抑。因此，它即是必然性和自由自身。根據佛洛伊德的概念，被意識禁止的自由與快樂，兩者的相同之處被無意識支持著，它的真實性雖然被意識排斥，但仍在心頭縈繞不去。它仍保有個體建立之初那完整的滿足，帶著過去走向未來：人類渴望重建天堂，並帶著這個渴望建立文明。

如果把記憶作為一種**認知**治療的重要模式，並放在精神分析領域的核心，那麼它便不只是一個治療工具。記憶的治療性之所以成立，乃是在於它的**真理價值**，而這個價值在於記憶擁有特殊的保存功能，這個特殊功能是它保存了希望和潛能，那是在那渾沌的過往中曾被滿足所以未曾遺忘的快樂經驗，即使這個經驗被成熟、文明後的個體所鄙棄或剝奪。現實原則牽制了記憶的認知功能，也即對過往快樂經驗的渴望，從而使它自己在意識上拒絕重建這種渴望。精神分析釋放了記憶並鬆動壓抑的合理性。當被重新喚醒的認知記憶取代了平時的認知，禁忌的幼年圖像與衝動便開始訴說被理性意識拒絕的真相。回溯記憶具有前進的功能。對過去的重新探問，提供一種雖被現在禁止卻附有批判性的判斷標準。此外，恢復記憶的同時，也伴隨著妄想的認知內容的恢復。精神分析將這一系列的思緒搬離那些僅僅是「不置可否的領域」，例如：白日夢或虛構情節等，進而重現這些思緒的絕對真實性。這個解放最終能摧毀原本的框架，讓過去與現在達成和解。然而，達成和解並不是解放的終點，其目標在於對抗我們內在對自己施加的約束限制，取向過去即是取向未來。《追憶似水年華》（*À la recherche du temps perdu*）[7]於是成為了航向解放未來之舟[8]。

接下來我們將專注討論這股精神分析的暗流。佛洛伊德對壓抑的心理機制所建立的研究分析，有兩個層次，分別如下：

一、個體發展層次：受壓抑個體的發展，從嬰兒早期到他意識成為社會性存有。

二、屬系發展層次：受壓抑文明的發展，從原始部落到完全體制化的文明狀態。

這兩個層次彼此相互關聯，佛洛伊德認為，對於壓抑的歷史性回顧，即是這個關聯的縮影：個體得以再次經歷並重演屬系發展理的創傷性事件，且本能的動力機制反映出個體和屬系（特定和普遍）兩造之間的衝突，以及解決這些衝突各種的方法。

接下來，我們先討論建立成熟文明中個體的發展史，然後再回到屬系發展的起源，並延伸至佛洛伊德概念中成熟狀態的文明屬系發展。因為兩個層次之間互相關聯，所以在討論中彼此反覆相互佐證、預測與重複是無法避免的。

7 譯註：為法國作家馬塞爾．普魯斯特（1871-1922）的小說。內容大量描述回憶中細緻的身體感官經驗，作者藉此回應記憶裡被壓抑或隱藏的細節中，其豐富且無限的感知狀態。

8 見本書第十一章。Ernest G. Schachtel 的文章〈On Memory and Childhood Amnesia〉指出了記憶功能在個人層次與社會層次唯一適當的精神分析解釋。整篇文章聚焦在記憶的破壞力、社會對其控制並將其「常規化」的部分。對我而言，這是少數真正具有哲學和精神分析貢獻的文章之一。這篇文章收錄在 *A Study of Interpersonal Relations*, edited by Patrick Mullahy (New York: Hermitage Press, 1950), pp.3-49。

第二章

壓抑性個體的起源（個體發展）

佛洛伊德探索了個體本能結構中壓抑性的發展。人類本能的奮鬥——說穿了就是為生與死而戰——決定了他們自由與幸福的命運，肉體與精神、自然與文明皆參與其中，這個奮鬥本身的生物性和社會性動力，正是佛洛伊德元心理學的核心。佛洛伊德對於這些重要的假說，總是猶豫不決並有所保留，之後便任由它們擱置著。直到一九二〇年以後，最終的本能理論出現之前，至少有過兩種不同的關於心理人格剖析的概念。在此，我們不需要回顧本能理論的精神分析史[1]，僅需針對其特徵作出精簡的總結。

心理機制，在佛洛伊德理論中的任何階段，都表現為無意識結構與意識結構、主要過程與次要過程、遺傳或「本質具備」的力量與後天力量、肉體—精神與外在現實中，彼此互為對立的動態統一。此二元結構持續成為主流，甚至日後在本我、自我和超我的三分結構中亦然，結構中彼此之間的中介和「重疊」之處，也往兩極化地傾斜，而此兩極最明顯的特徵，最終成為統治心理機制的原則：快樂原則和現實原則。

1 除了佛洛伊德自己的研究（特別是 *New Introductory Lectures*），可參考 Siegfried Bernfeld, “Ueber die Einteilung der Triebe”, in *Imago*, Vol. XXI (1935); Ernest Jones, “Psychoanalysis and the Instinct”, in *British Journal of Psychology*, Vol. XXVI (1936); and Edward Bibring, “The Development and Problems of the Theory of the Instincts”, in *International Journal of Psychoanalysis*, Vol. XXI (1941)。

在發展的最初階段，佛洛伊德理論圍繞在性（原欲）與自我（自我保存）兩種本能間的相互對抗；到最後階段則著重於生命本能（愛欲）和**死亡本能（death instinct）**之間的衝突。很快地，二元論的概念被一種無孔不入（自戀的）原欲取代，性慾在歷經佛洛伊德理論所有的修正後，在本能結構裡保有了優勢地位。在佛洛伊德的構想裡，此性慾優勢的原則深植在心裡機制的本質中：如果說，最初的心理過程受到快樂原則支配，那麼，生命自身的本能在此原則的作用下就必然是**唯一**的本能。

但是佛洛伊德早期的性慾概念，仍與將愛欲作為生命本能相距甚遠。性本能最初只是一個（或更準確地說，只是一組）特定的本能，它伴隨著自我（或自我保存）本能，並根據其特有的起源、企圖和目標而有不同的定調。與日後所謂的「泛性論」（pan-sexualism）不同。直到一九一四年，關於「自戀」的導論發表之前，佛洛伊德理論的特點反而在於對性慾的限制，儘管他認定了此限制便難以證明為何非關性慾的自我保存本能仍能存在。直到很久以後，才出現了後來的假說，認為非關性慾的自我保存僅是為了組成某種更進一步的功能，「此功能是為了確保有機體抵擋住任何退回無機物的可能性，並以它原本的自然歷程走向死亡和衰退」[2]，或者——這可能是同

2 *Beyond the Pleasure Principle* (New York: Liveright Publishing Corp., 1950), p.51。

一件事情的換句話說——它們是愛欲的一部分，然而對嬰兒時期的性慾和身體擁有無限的性感知區域，這些發現導引出日後佛洛伊德所謂自我保存本能的性慾組成部分，同時奠定最終以性慾作為生命本能基礎（愛欲）的詮釋。

在本能理論的最後陳述中，自我保存本能——個體鍾愛的避難所，同時也是「為生存而奮鬥」的理由所在——瓦解了。如今自我保存本能表現為人類群體的性本能活動，或是說，到目前為止，此本能透過對現實社會的有效攻擊得以實現其攻擊本能。但請注意，這裡至關重要的是，在佛洛伊德引入新概念時一再強調此兩種本能的共性，遠比它們的分化更為重要。這是相當傑出且驚人的發現，生命所有的本能皆具備未注意到的某種「可能為所有有機物共有且普世通用的本能屬性」，意即「有機體生命固有的一種強迫性，用來承擔外界干擾壓力時，能恢復到早年時期的狀態」。恢復**倒退**或「保存」的傾向。這個發現使佛洛伊德不得不懷疑，他找到了一種迄今為止從一種「有機體的彈性」或「有機生命固有的慣性」[3]這將是那些「主要過程」[4]最終的內容或其本質，而一開始，佛洛伊德認為此過程是無意識的運作，最初，它被認為

3 同前註，p.47。同時參見 *New Introductory Lecture on Psychoanalysis* (New York: W. W. Norton, 1933), pp.145-146。

4 譯註：作者此處指的是心理或精神的發展過程。

是「大量興奮自由地向外流動」，這是有機體受到外在現實所影響的結果[5]，完全地向外流動即是完整的滿足。如今過了二十年，佛洛伊德理論仍從這樣的論述說起：

> 在當時，快樂原則有一種運作傾向，這種傾向有一種功能，此功能是將心理機制脫離興奮刺激的狀態，或保持持續而穩定的興奮程度，或降到最低的程度，我們目前尚無法確定是以上哪一種。[6]

但越來越多的邏輯支持此概念，永遠脫離興奮刺激這件事，從生命的一開始就不可能了，本能性的趨向平衡變成了生命背景的最終回歸。心理機制在致力於完整的滿足時，很不幸地，已經與「所有生命體最普遍的嘗試，意即回到無機世界的靜止狀態[7]」相連結上，本能將會進入那死亡的軌道上，「如果生命真如費希納定理般運作並保持平衡，則生命將往死亡墜落[8]」，**涅槃原則（Nirvana principle）**如今表現出

5 *The Interpretation of Dreams*, in *The Basic Writing of Sigmund Freud* (New York: Modern Library, 1938), p.534。
6 *Beyond the Pleasure Principle*, p.86。
7 同前註。
8 *The Ego and the Id* (London: Hogarth Press, 1950), p.66。引用資料經出版商同意。

支配力量，「支配著心智的生活，甚或是普遍神經性的生活」，並且快樂原則是依照涅槃原則而呈現，成為它的「表達」方式。

……針對減輕壓力所作的努力，保持或移除內部刺激張力（「涅槃原則」……）……發現了快樂原則的表達方式；且我們對於此事實的認知成為相信死亡本能存在最有力的原因[9]。

然而，涅槃原則的首要地位，在快樂與死亡強大的結合之際便已經被棄置了。無論對於有機生命而言，回歸慣性是如何地普遍，本能仍以本質上相異的模式致力於達成目標，這其中的不同無異於維持生命和破壞生命兩者。在本能生命的共通性之外，產生了兩種相互抵銷的本能。生命本能（愛欲）贏過了死亡本能。它們持續相互作用並延後「向死亡墜落」：「愛欲引入了全新的性本能張力，並以本能需求表現[10]。」它們自有機體分裂生殖細胞開始創造了生命的功能，且透過兩個相同的細胞體結

9 *Beyond the Pleasure Principle*, p.76。
10 *The Ego and the Id*, p.66。

合[11]，持續建立和保存那生命「永恆偉大的結合[12]」，它們於是戰勝死亡對生命體那潛在的致死力量[13]。此本能世界的二元動力看似是確立了，然而佛洛伊德立刻回想起本能最初的天性，生命本能「和其他本能一樣保守，它們仍會回復到生命體的早年狀態」，雖然它們具有「更高度的[14]」保守性。性慾最終遵守了與死亡本能同樣的原則。之後佛洛伊德為了闡明性慾的回歸特性，而撤回了柏拉圖的「奇妙假設」：「生命體在成為生命的瞬間撕裂成碎片，而這些碎片從那時候開始便努力透過性本能再度結合起來[15]。」儘管擁有所有的證據，在死亡本能最後的分析工作中，愛欲及生命是否真的只是圍繞著死亡的「單行道[16]」？證據是明顯的，這圍繞的道路漫長得足以證明其相反的假設，愛欲被視為保存所有生命最強的統合力量[17]。最終，愛欲和死欲之間的

11 *Beyond the Pleasure Principle*, pp.52-53。
12 *An Outline of Psychoanalysis* (New York: W. W. Norton, 1949), p.20。
13 *Beyond the Pleasure Principle*, p.53。
14 同前註。
15 同前註，p.80。
16 同前註，pp.50-51。
17 *The Ego and the Id*, p.88; *Civilization and Its Discontents* (London: Hogarth Press, 1940), p.102。後續相關引用資料皆經出版商同意。

關聯仍是曖昧不明的。

如果說，愛欲和死欲呈現出生命過程兩種無處不在的表現且持續的融合（和分離）特性，那麼這個本能理論便不僅是對佛洛伊德先前概念的重新制定。精神分析專家已確定地強調，佛洛伊德最後的元心理學是基於一個本質上全新的本能概念：這些本能不再是被它們的起源或最初的功能所定義，而是按照它們給予生命過程「決定性方向」（德文 Richtung）的力量，稱作「生命原則」，**本能**、**原則**、**調整**等概念正在被同化。「心理機制受這些原則調節以及本能受外部穿透而影響心理機制，這兩件事情已不再嚴格地彼此對立」[18]，而且本能的二元概念，在自戀概念引入後變得可疑了，如今卻遭受到完全不同方向的威脅。隨著對自我本能中性慾組成的認識，「將任何一種本能指認成非性慾」實際上已經不可能[19]，將任何性衝動視為「不是愛欲的衍生物」也同樣不可能[20]。

這種視愛欲為主要的本能結構，此性慾一元論——如同我們所見，將愛欲作為一

---

18 Edward Bibring, "The Development and Problems of the Theory of the Instincts" loc. cit. 另參見 Heinz Hartmann, "Comment on the Psychoanalytic Theory of Instinctual Drives", in *Psychoanalytic Quarterly*, Vol. XVII, No.3 (1948)。

19 *Beyond the Pleasure Principle*, p.73。

20 *The Ego and the Id*, p.66。

切真實的象徵——現在看起來轉往相反的方向，即死亡一元論。為了確認這件事，對於重複性與強制性倒退（regression-compulsion），和「最終」愛欲的施虐成分等概念的分析，將修復那曾經被動搖的二元概念：死亡本能是在主要的本能結構中成為與愛欲相互較勁的對象，且這兩造之間的永恆鬥爭成為了主要的原動力。然而，發現本能這種普遍的「保守天性」，妨礙了二元概念的運作，且讓佛洛伊德之後的元心理學呈現懸而未決、深不可測的狀態，因而成為人類科學上很大的思想冒險。對這兩種基本本能共有起源的**探問**已無法漠視了。奧托．費尼謝爾（Otto Fenichel）指出[21]，佛洛伊德本人在這項指引中跨出了決定性的一步：他假定還有一種「替代的能量是中立的，但卻可以與愛欲或破壞衝動任一方結合」，也就是與生命本能或死之本能相連。在此之前，死亡從未如此理所應當地被納入生命本質，也從未與愛欲如此靠近。奧托．費尼謝爾提出了一個決定性的問題：愛欲和死亡本能的對偶關係是否是「一個根源的不同分化」？他指出，死亡本能一系列的現象可被視為一種「適用於所有本能」的原

21 "Zur Kritik des Todestriebes", in *Imago*, XXI (1935), 463。這篇文獻被翻譯成〈A Critic of the Death Instiny〉，發表於 *Collected Papers* (New York: W. W, Nortion, 1953), pp.363-372。

則，此項原則在發展的過程中「可能受到外部影響而有所修正」[22]。而且，如果所有有機生命中的「強制性倒退」，是趨向一種整體性的靜止狀態，涅槃原則就是快樂原則的基礎，則死亡的必然性則呈現出全新的面貌，死亡本能具有的破壞力並非是為了它自身，而是為了舒緩張力。向死亡的墜落是一種逃避痛苦和需求的無意識行為，那是一種對抗受苦與倒退的永恆掙扎，而死亡本能自身受到歷史脈絡的影響，此影響也作用在掙扎這件事本身。對此歷史性特徵的進一步的說明，將在 *the New Concept of Person* 裡闡述，其內容與佛洛伊德對本能理論的最終看法互相一致。

心理結構如今被劃分為**本我**、**自我**、**超我**等主要層次，其中，最基本、古老且廣大的是**本我**，是無意識與主要本能的區域。本我不受意識和社會性自我建構的框架和原則所限制，它不被時間影響，也不被矛盾所困擾；它「無價值判斷、沒有善惡、沒有道德」[23]，它並不追求自我保存[24]。它唯一致力於依照快樂原則滿足需求。[25]

在外在世界（環境）的影響下，原本是用來接收與防禦外界刺激的組成器官，逐

22 *The Psychoanalytic Theory of Neurosis* (New York: W. W. Nortion, 1945), p.59。
23 *New Introduction Lecture*, p.105。
24 *An Outline of Psychoanalysis*, p.19。
25 *New Introductiory Lecture*, p.104。

漸發展成**自我**。它是本我與外在世界的「調解員」，感知和意識僅僅是自我最小、「最表淺」的部分，在地理位置上最靠近外部世界的部分；但自我正是以此（「感知—意識系統」）得以維護其自身存在、觀察並衡量現實、汲取並保存其「真實圖像」、調整自己並適應現實，且按照自己的關懷對它們加以改變。於是，自我擁有「為本我呈現外在世界樣貌，以致保有它」的任務；「對本我而言，完全忽視外在力量的優越地位，僅盲目追求本能的滿足，將難逃它的殲滅。」[26]為了完成此項任務，自我的主要功能在於協調、改變、組織和控制本我的本能衝動，以便降低與現實的衝突：透過壓抑那些不適合現實的衝動，「調和」本能與現實，藉由改變它們的目標、延遲或轉移其欲求，轉換滿足的模式、將它們與其他衝動互相合併等等，從這個角度來說，自我「廢黜了無條件控制本我的快樂原則，用具有更大安全性和更高效能保證的現實原則取而代之」。

雖然這所有重要的功能保障了有機體的本能滿足，如果不這樣做，它幾乎理所當然地被毀滅，自我依然保留了本我「出生」時的胎記。以本我的角度而言，自我的發

26 *New Introductory Lecture*, p.106。

展過程仍屬於次級過程[27]，佛洛伊德早期的論述中清晰說明了自我的依賴特性，「所有思想都不過是記憶中起始於滿足需求的通道……通往此記憶中的相同貫注。同時，此經驗可由其運作的經驗再一次到達[28]」，對於需求的滿足記憶是所有思想的起點，且奪回過往滿足的衝動是所有思想背後隱藏的驅動力，因為現實原則讓這個過程成為一個無止盡的「繞道」過程，所以自我主要將現實經驗視為敵對的，且自我主要的態度為「反抗」。但是另一方面而言，由於現實透過這些繞道提供自我滿足（雖然僅僅是「修正後」的滿足），所以自我必須拒絕那些會毀了自己的滿足衝動，自我的反抗於是成為一種雙戰線的戰爭。

在自我建立的過程中，另一心理「形體」[29]孕育而生：**超我**，它是從嬰兒長期對父母的依賴中生長出，父母的影響保存在超我的核心，隨後，一些社會及文化影響力被超我納入，直到這些影響堅實地凝結成道德組織，和「人們所謂人生中『高尚』的

27 譯註：作者將本我發展視為主要過程，而自我依附於本我發展則為次級過程。

28 *The Interpretation of dreams*, p.535。在之後的精神分析發展中，自我的原則被視為更「正向」，強調其「統合」和「整合」功能。為強調這個部分的重要性，請見接下來的結論。

29 譯註：entity可譯為「形體」或「實體」，但綜觀作者原文，並未強調其具有的物理實質概念，故推測原意較接近為「形體」或「形態」等語意。

事物」。如今，一開始由父母，接著是社會機構強加於個體的「外在約束」便「內攝」於自我之中，然後成為他們的「良心」；從今以後，罪惡感——被懲罰的需求，是從違反此規則或違反規則的願望所產生的（特別是伊底帕斯情結）——逐漸滲入心智生活中，「自我將壓抑當作規矩般執行，服務和聆聽於它的超我[30]」，然而，壓抑很快且自動地無意識化，且「很大部分」的罪惡感也無意識化。

弗朗茲・亞歷山大（Franz Alexander）提到了「依賴知覺（和判斷）的有意識譴責轉變為無意識壓抑的過程」；他假設一種流動的精神體向「僵硬化的狀態」下降的狀態，即精神物質化（corporealization[31]）趨勢，此過程是原初意識掙扎著符合現實對它的要求（即父母和他們的接班人建立的超我），進一步轉化成無意識的自動反應，是文明脈絡至為重要的過程，現實原則藉由意識自我朝特定方向擠壓而表明了它自身[32]：本能的自主性發展凍結了，但它們的模樣定格在童年層次。此固著的**當下狀態**根植於本能結構中，於是個體變成本能的復古主義——在字面與意義上皆是如此，它

---

30 *The Ego and the Id*, p.75。

31 Franz Alexander, *The Psychoanalysis of the Total Personality* (New York: Nerous and Mental Diease Monograph No. 52, 1929), p.14。

32 譯註：作者在這裡想表達的是，現實原則扭曲擠壓了自我發展的方向性，進而透過自我在意識層次的表達展現出它具體的原則與樣貌。

無意識地抵抗它自己，此抵抗的嚴重程度在嬰兒時期是恰當的，但有鑑於（個體和社會）成熟化的理性潛能而言，則已過時很久了[33]。個體因為沒有做出某些行動，或做了與文明現實、文明中人不相容的行動而懲罰它自己（然後再遭受懲罰）。

於是，超我執行了不僅是現實的需求，更是**過去**現實的需求。由於無意識這種屬性的運作，心理發展落後現實的發展，或（因為前者是後者的一個條件因子）阻礙了現實發展，以過去的名義否認其可能性。過去揭示了它形塑個體和其社會的雙重功能。喚起過去快樂原則的統治，在當時免於匱乏是必要的，本我帶著這個記憶的痕跡向每一個即將來臨的未來前行：它將過去投射於未來。然而，超我，仍無意識地拒絕了這個本能向未來的索求，以過去為藉口將不再帶來完整的滿足，而是痛苦地對具有懲罰性質的現在進行調整。屬系發展學和個體論，隨著文明進展與個體進展的過程，自由與必然性之間相接的軌跡已淹沒於對不自由必然性的認可之中，即理性和理智之中，記憶自己向現實低頭了。

現實原則支持著外在世界中的有機體，對人類這種有機體而言，這是一個**歷史性**

33 同前註，pp 23-25。為了解更多原始與超我結構之間的相異處，請見本書第三章。

的世界，這是一個由現實組成的特定社會—歷史組織，它透過特定的社會機構與代理人影響著心理結構。佛洛伊德的**現實原則**概念是具爭議性的，他將歷史的偶然性變成了生物的必然性，而忽略了一個事實，即他對受現實原則影響的本能壓抑性轉變的分析，大致將特定的現實歷史性模式歸納成純粹而單純的現實，如此的批判仍是成立的，但其成立並不抹煞佛洛伊德歸納中的真實性，意即，本能底層的壓抑性的組成，包含**所有**現實原則與文明的歷史性結構。如果他判斷本能的壓抑組織，是根據原初的快樂原則與現實原則之間的不相容性，那麼，他便表達出了文明作為有組織的**統治**並進步的事實。正是這樣的發現，指引出他全部的屬系結構，並衍生出特定部落酋長被兄弟氏族取代的文明，恰恰是因為所有文明都曾是這樣的組織性統治，歷史性的發展就呈現出普遍生物學的莊重和必要。佛洛伊德概念中「非歷史性」的特徵於是包含了相反的元素：我們必須恢復歷史性的內容，而且不是藉由增加一些社會學因素（像新佛洛伊德「文化」學派所做的），而是將它自有的內容展開，在此意義下，我們接下來的討論是一種「額外延伸」，源自佛洛伊德理論的概念與命題，我現在僅以具體形式呈現出蘊含其中的歷史性過程，就如同自然（生物性）過程一樣。

在專有名詞上，此額外延伸訴說著一種對偶關係的概念：以佛洛伊德的用語，本能的生物性變化和社會歷史性變化之間，並沒有適當的分別，我們勢必要為它對應出相關的詞彙，用以表示其社會—歷史性的組成關係，我們介紹兩個詞彙：

一、額外壓抑（Surplus-repression）：社會性統治的必要性約束，與（基本）壓抑的區別是，它是人類種族在文明中生存下去的必要「修正」。

二、操作原則（Performance principle）：**現實原則**目前盛行的特定歷史模式。

匱乏感是藏在現實原則背後的基本事實，意即，人類為生存而掙扎的這個世界太過於貧乏，以至於人類無法避免持續地約束、放棄、延遲自身的需求和滿足。換句話說，無論任何可能的滿足，都必須透過**工作**，安排並承擔這些滿足的時候或多或少伴隨著痛苦，為了持續不斷地工作，快樂「暫停」，而痛苦占了上風。工作幾乎占據了成熟個體的全部存在，而正是因為本能致力於快樂的盛行與痛苦的消除，快樂原則便不再適用於現實，且本能必然會經歷壓抑性的支配。

以上論點，在佛洛伊德元心理學占有一席之地，然而仍是謬誤的。它目前為止只適用於匱乏本身的殘忍**事實**。但真正的狀況是，它是匱乏特定組織化後，且被此特定的生存態度所強制執行的結果。現行的匱乏，透過文明（同時追求不同的模式）的支配，使其資源作集體分配時並非依照個人需要，亦非為了滿足個人發展的最好狀態而建立組織並收穫物品，相反地，匱乏的**分配**，如同為了克服它所作的努力，工作的模式，都是**強加**於個人的——最開始僅使用暴力，後來則是透過權力的合理運用，然而，無論此合理性對群體進步而言多麼實用，它仍是**統治**的合理性。且對匱乏的逐漸克服無可避免地與統治的意向有關，並被加以塑造。統治與合理的權力行為不同，後者屬於各種社會性勞動分配，它源於知識；而且受進步化群體的行政功能及必要安排所限制。相反地，統治則是特定族群或個人為了維持並壯大其特權地位的行為，這種統治並不排除技術、物質和智能的進步，但此進步只是在保全其非理性的匱乏、需求和拘禁的副產品。

對個人或自然統治的各種方式，導致現實原則的各種歷史模式。舉例來說，一個社會的成員為了生存而正常工作所需要的壓抑，不同於某些特定的群體，他們擁有特定的勞動領域。同樣地，壓抑的範圍和程度也取決於社會生產的對象是個人消耗或是整體利潤；是市場經濟或是計畫經濟；是私人或是群體的產權屬性。這些相異之處影響了現實原則的實際內容，現實原則的所有形式必將體現於整體系統，包含了社會性機構和關係、法律和價值觀，並因此導致和強制本能的「修正」需求。現實原則的「內容」會根據文明的不同階段而有所不同。而且，因為任何形式的現實原則皆要求對本能進行相當程度和範圍的壓抑，現實原則特定的歷史性機構和特定的統治關懷導引出**額外**的控制，那是文明中的人類組成所不可缺少的控制，這些統治機構賦予的額外控制即是我們所謂**額外壓抑**（surplus repression）。

例如，透過長久的一夫一妻制，或透過勞動的等級階層劃分，或是透過公共性地控制個人隱私存在，修正並使本能的能量轉向。這些都是屬於**特定**的現實原則中額外壓抑的實例。這些本能壓抑是附加在本能的基本（屬系中）約束之上，而標示出人類從動物進化到智人的發展過程，那股力量得以約束並引導本能趨向，得以使生物需求轉換成為個人需求和渴望，這力量促使人類欲望的滿足[34]有增無減：將自然「併吞」，並阻斷自然的強迫性，這些都是人類快樂原則的模式。這種約束一開始可能是被匱乏以及人類動物性長久以來的依賴性所逼迫，但後來已經變成人類自己的特權和卓越性，這使得人們從盲目地滿足所需，變成了欲望傾向的滿足[35]。

對部分性衝動的「抑制」，向生殖器性慾的發展就屬於這個基本壓抑的層次，這

34 譯註：原文只有 gratification，作者在這裡想表達的意思應是「人類欲望的滿足」。

35 請見本書第十一章。

可能強化了快樂[36]：有機體的成熟涉及了快樂的正常化和自然的成熟化，然而，對本能驅力的征服同樣也**征服**了滿足本身。在文明的歷史中，基本壓抑和額外壓抑密不可分地相互交織在一起，而生殖器性慾的正常發展這件事也被組織化處理了，透過使部分衝動和它的「衝動區域」都幾乎去性慾化了，這樣是為了符合人類社會組成的必要條件，「鄰近的感覺」（例如嗅覺和味覺）之變遷就給予基本壓抑和額外壓抑兩者間相互關聯的好例證。佛洛伊德認為，本能中的「嗜糞元素不再符合我們理想中的審美，這很可能就在人類將他們聞東西的器官從地上移開並發展成直立姿勢的時候[37]」。但鄰近感覺的被征服在文明中有另一面：它們屈從於針對身體嚴格執行的極其享樂禁忌，嗅覺和味覺的享樂「更屬於肉體的生理部分，因此也更類似於性慾享樂，聲音和其他肉體部分則相對屬於昇華的快樂，及對美麗事物的視角[38]。」嗅覺和味覺提供了它自身（義大利文 per se）非昇華的快樂（和未被壓抑的厭惡）。它們能立即和個體

---

36 譯註：作者在本章後面會討論，佛洛伊德的理論提到人們為了適應現實而必然會將性慾限縮在生殖功能部分，因此基本壓抑會讓人類自我約束其他的性慾刺激。然而，額外壓抑會使得自我約束之外又增加了禁忌、厭惡、加以撻伐等作用。

37 "The Most Prevalent Form of Degradation in Erotic Life", in *Collected Papers* (London: Hogarth Press, 1950). IV, 215。

38 Ernest Schachtel, "On Memory and Childhood Amnesia", In *A Study of Interpersonal Relations*, ed. Patrick Mullahy (New York: Hermitage Press,1950), p.24。

產生關聯（或立即分開），而不需要透過一般性俗套的意識、道德和審美觀。這樣的即刻性對於**統治**組織的有效性而言是不適切的，且不適用於某種社會性，此社會性「企圖孤立人們，將他們彼此分離，且防止自發性的關係並防止這些關係彼此間『自然』的動物性表現[39]」。它們未經壓抑的發展，將使有機體進行相當程度的性慾化，這會讓它與作為社會利用的勞動工具需要的去性慾化有機體產生阻礙。在整個文明被記載的歷史中，對於匱乏和勞動進行階級劃分加強了匱乏，此匱乏又強化了本能的約束，而此約束又強化了匱乏。在現實原則支配下，統治的意向對本能組織施加了額外壓抑，快樂原則被廢黜不僅僅是因為它與文明的進步相衝突，還因為它與那種必須永久統治和苦役的文明相衝突，當佛洛伊德比較文明對性慾的態度與氏族對性慾的態度，或者那些「上位後為了自身利益而剝削別人」的部分族群，他似乎也承認了這項事實，害怕受壓迫者的叛變將成為施加更嚴格規定的原動力[40]。

現實原則對本能的修正影響著生命本能和死亡本能；但只有比照生命本能的發展才能使死亡本能的發展完全可以理解，也就是**壓抑性的性慾組織化**。性本能首當其衝

39 同前註，p.26。

40 *Civilization and Its Discontents*, p.74。

背負著現實原則，其組織在至高無上的生殖功能上使部分性慾本能成為性高潮主體[41]並屈從於生育功能。這種過程涉及原欲（libido）的分化，從個人的身體到相反性別的異己客體（即對主要自戀與次要自戀的征服）。對於部分本能與非關生育的生殖器性慾，這些欲望的滿足作為變態行為予以禁忌，或昇華，或轉變成生育性慾的輔助。而且，後者[42]在大部分文明中皆被導引入一夫一妻制慣例，這種組織導致了性慾質與量的約束，對部分性慾的統一化及其生殖功能的征服改變了性慾的自然天性：從原本支配全部有機體的自發性「原則」轉變成一種特殊的暫時功能，成為一種達到目的的手段，就快樂原則支配「未被組織化」的性本能而言，生殖功能不過只是一種「副屬品」，性慾最主要的內容為「獲得來自身體區域的快樂」。這個功能不過只是「伴隨著生殖功用[43]」而已。佛洛伊德強調，如果不是為了這項「功用」，性慾會排除掉所有非關性慾的慾望，進而排除所有文明社會關係，即使是成熟的異性生殖階段也是如此。

41 譯註：這部分作者稍後會作詳細解釋。意即，文明中的性慾完全限縮在與生殖功能有關的部分，而其他部分達成的性高潮則稱為「性變態行為」。

42 譯註：指「非關生育的性慾」。

43 *An Outline of Psychoanalysis*, p.26。

> ……造成文明與性慾之間的衝突，是因為性愛是兩人之間的某種關係，而第三者只會是多餘且打擾的，然而文明是奠基於更大的群體之間的關係。當愛情關係達到最高程度時，便沒有空間再去關注其周圍世界，相愛的兩個人對彼此而言已足夠，甚至不需要他們自己的孩子來讓他們快樂[44]。

之前，在討論性和自我保存間的區別時，佛洛伊德指出了性慾的一種致命內容：

> 無可否認地，這種功能的運作並不總是能像其他運作一樣，為個體帶來好處，但為了如此破例的高度快樂，它將涉入此功能的危險之處，那是對生命有威脅，且通常足以奪去生命[45]。

但是，性慾作為文明的重要「抵抗」之力，如何將這種解釋用來辯證愛欲是用來

---

44 *Civilization and Its Discontents*, pp.79-80。

45 *A Great Introduction to Psychoanalysis* (New York: Garden City Publishing Co., 1943), p.358。

「將有機體結合成更大單位[46]」的力量，目的是「建立更大的單位並保護他們，簡單來說就是將他們連結在一起[47]」？性慾如何成為「趨向完美的本能」之「替代物」[48]？這個完美本能意味著「將世界上的一切結合在一起」[49]，性慾的非社會性特徵與「愛的關係（或以更中性的說法，情感紐帶）之假設相互一致，這個概念是如何成為人類心靈本質」[50]？將破壞性的內涵歸因於性慾的早期概念，而將建設性歸因於愛欲，這個顯而易見的矛盾並未被解決——愛欲是破壞與建設兼備的。在《文明及其不滿》中，緊接在上述那段摘要之後，佛洛伊德加入了兩個面向：「沒有任何一種情況向愛欲這樣直白地背叛它存在的核心，也就是它將一個變成數個的這種目標；但當它藉由眾所周知的方法，也就是兩個人類的相戀來達成這個目標時，它便不再往前進了。」僅僅將愛欲的文化建設性力量置放於性慾的昇華模式中，並不能因此減低這個矛盾。佛洛伊德認為，朝向更大單位的統一性，是屬於愛欲本身的生物性——有機體

---

46 *Beyond the Pleasure Principle*, p.57。
47 *An Outline of Psychoanalysis*, p.20。
48 *Beyond the Pleasure Principle*, p.57。
49 *Group Psychology and the Analysis of the Ego* (New York: Liveright Publishing Crop., 1949), p.40。
50 同前註。

本性。

我們對於這個階段的解釋，與其試著調和這兩種性慾的矛盾面向，我們更強調它們反映出佛洛伊德理論內在無法調和的張力：他主張的快樂原則與現實原則間、性慾與文明間的「生物性」衝突與在文明中遭受束縛和磨損的愛欲具有統一和滿足的力量，兩者彼此相牴觸，這個概念意味著，自由的愛欲並不排斥恆常的文明社會關係，它僅排斥否定了快樂原則的那種過度壓抑的社會關係組織。佛洛伊德允許自己對文明的想像中包含一對個體「彼此獲得原欲滿足且和其他人在工作或一般的興趣上相互聯繫[51]」，但他補充，這種「想像性」的狀態並不存在，也從未出現過，「文化向原欲索取高度的目標抑制，且無可避免地強烈限制性慾生活」，他發現了在攻擊本能中文化「與生活相互拮抗」的來源，已與性慾本身融合在一起：它們一再地威脅要摧毀文明，並逼迫著文化「盡可能使盡全力」強烈抵抗，「因此它們建立了一套方法系統，使人類被迫證明自己和進行目標抑制的愛情關係；也因此他們必須約束性慾生活[52]」。但是，再一次地，佛洛伊德表明了這套壓抑系統並不能真正解決衝突，文明

51 *Civilization and Its Discontents*, p.80。另參考 *The future of an Illusion* (New York: Liveright Publishing Crop., 1949) pp.10-11。

52 *Civilization and Its Discontents*, pp.86-87。

突然陷入一個破壞性的辯證法，這個對愛欲持久的約束，最終削弱了生命本能，並因此強化和釋放了最開始它們「加強」的那股抵抗力量——那股破壞力。這項辯證法，由佛洛伊德元心理學中未被揭示甚至是禁忌的核心所組成。其隱藏的部分將在之後討論，在這裡，我們將運用佛洛伊德的愛欲概念，來闡明特定的壓抑歷史性模式，此模式是由現實原則所強加的。

在闡述額外壓抑時，我們已專注於討論現實原則構成社會「組成成分」的機構和關係，這些組成並不只是改變了一個人和其同樣的現實原則外在表現，實際上，更改變了現實原則本身，於是，我們欲闡明當代文明現行的壓抑的廣度與限制時，我們必須解釋就特定的現實原則而言，它所支配的根源和其文明的發展。我們稱之為操作原則（performance principle），是為了強調在其規則下的社會分層，是根據成員競爭性經濟表現而來的，這很明顯並非只是歷史性現實原則，因為不同模式的社會組織並不只是在原始文化中出現，更出現在現代同一時空裡。

操作原則，是一個持續擴張、貪得無厭並且與社會敵對的過程，它預設了一個長期的發展，在這個發展中，統治將越來越具合理性：對社會化勞動的控制再衍生出社會，並且這個社會將於更大規模且條件進階的情況下存在著。經過長期的發展，統治的利益與整體的利益合而為一，因為對生產機制的有效利用滿足個人的需求和權能，對廣泛大眾來說，滿足的範圍和模式皆取決於他們的勞動；然而，他們卻是為了一個自己無法掌握的機制在工作，這個機制似乎具有獨立運作的力量，個體必須服從它才得以生存。勞動分工越專業化，個體就越是異化（alien）。人們並不是活在自己的生命裡面，而是活在事先被建立完成的工作表現裡，當他們工作時，他們並不在滿足自己的需求與權能，他們是在**異化狀態**裡工作。工作如今變成**普遍**性的，正因此，它在原欲上施加約束：勞動的時間成為了個人生命中最大的一部分，這是痛苦的。異化狀態的勞動失去了滿足、否定了快樂原則，原欲轉而成為了社會化的有用作為，從事者大部分與他自身的權能和渴望並不相符。

然而——這個論點相當重要——本能能量因此退縮了，但卻沒有因此累積成（未被昇華的）攻擊本能，這是因為它（在勞動方面）的社會利用使個體的生活變得豐富。似乎強加於原欲上的約束越是合理，約束就變得越普遍性，也就越滲入整個社會中。它們透過外在客觀規則和內在壓力作用於個體身上：社會性的權威被吸收進個體的「意識」與無意識中，並由個體自己的渴望、道德和滿足在運作著。在正常的發展中，個體「自由地」活在壓抑中，將壓抑視為其生活：他渴望他應該去渴望的，他獲得的滿足使他自己和他人都有利可圖，他合情合理地、通常也是興高采烈地幸福快樂著。這種幸福會出現在工作日或夜的中間幾個小時的閒暇時光裡，但有時候也會出現在工作裡面，這讓他能夠持續地工作，這樣的操作使他和其他人都可以永遠勞動下去。他的愛欲操作併入了他的社會操作，壓抑在廣大的外在秩序中失蹤了。這個秩序或多或少獎勵了個體，也就同時或多或少地衍生出社會整體。

性慾和文明之間的衝突，在這個統治的發展中展開了。在操作原則運行之下，身體與心理皆被作為異化勞動的工具，唯有放棄人類作為有機體最開始的主—客體欲望和渴求時，才能成為這種功能性的工具。**時間**分配在這個轉變中扮演根本性的角色，人的存在在工時中僅是零散的，且是被當作異化操作的工具；剩餘的時間則是自由的。（如果在平均工作日裡，包括準備時間和通勤時間在內總共占據十個小時，以及睡眠和營養等生物性需求占另外十個小時，則在個體絕大部分的生命中，自由的時間占了二十四小時中的四小時。）這個自由時間有可能為快樂所用，但支配本我的快樂原則卻是「無時間性的」，在這個意義上，它反對世俗化地分割快樂，反對快樂作成小劑量的分配。操作原則控制的社會必然要施加這樣的分配，因為有機體必須在其根源也即就是快樂自我[53]上去作異化訓練，它必然要學著放棄那無時間性也無用的滿足，和那「永恆快樂」的立場。而且，從工作日開始的異化和團體編制擴散進閒暇時間內，這種協助調整並不需要由社會機構強加，不必要，也通常不是。對閒暇時間的基本控制來自於冗長的工作日本身，來自異化勞動那令人厭倦的機械化常規；這在在要求閒暇時光成為了被動休息和工作能量的再造。直到後期工業文明，當產業發展可能使壓抑性統治面臨超載的威脅，使得巨大的操縱性科技建設出一個娛樂工業，且直接控制住閒暇時光，或讓政府能直接接管這個控制[54]，不能放著個人不去管，如果放著不管並讓它被自由意志支持的話，就必須小心從壓抑性現實解放的潛在可能性，從本我產生的原欲能量將可能反抗那些越來越多的外部限制，並努力將更大規模的存有關係併吞，進而推翻現實自我和它的壓抑性操作。

性慾組織化反映了操作原則及其社會性組成，佛洛伊德強調的是它們的集中性，

53 可以確定的是，任何形式的社會、任何文明都必須精準化勞動時間，以獲得生活必需品和奢侈品，然而並非所有模式的勞動皆與快樂原則有本質上的不協調，與工作相關的人際關係能「提供相當程度的原欲組成釋放，自戀、攻擊甚至愛欲」（*Civilization and Its Discontents*, p.34 note）。不協調的衝突並非出現在工作（現實原則）與愛欲（快樂原則）之間，而是異化勞動（操作原則）與愛欲之間。非異化的、原欲性質的工作將在後面會討論。

54 見本書第四章。

它是運作在各種不同類型的本能對象，將它們「統一」成單一類型的原欲對象，並且與性相反，建立生殖能力至上的性慾。上述的統一化過程是壓抑性的——意思是說，這些局部的本能並未發展成「更高」層級的滿足，這種層級的滿足是能夠保存這些本能目標對象的。相反地，它被阻擋並降至次要功能，整個過程於是達成了身體去性慾化，這是社會所需要的：原欲變得只去注意身體的單一局部，將其餘剩下的大部分留作為勞動的工具。原欲在時間上減少了，於是它在空間上就減少了。

起初，性本能的主客體並沒有時間和空間上的限制，性慾天生是「多形變態的[55]」，性慾的社會化組織將那些不具有生殖功能的性本能設為禁忌，而成為性變態行為的表現。若不去嚴格約束，它們就會抵銷文化賴以生存的昇華。根據奧托・費尼謝爾的主張，「前性器期所追求的目標即是要被昇華的對象」，而且，生殖至上正是此昇華的前提[56]。佛洛伊德提出了疑問，為何要如此嚴苛地禁限性變態行為呢？他斷言，沒有人會忘記性變態行為不僅是可恨的，它還是怪異且可怕地——「這就好像他們發現一種誘人的影響力；就好像是那些享受這樣行為的人被偷偷嫉妒著，所以才需

55　譯註：意指身體大多數部位皆能帶來快感和歡愉。

56　*The Psychoanalytic Theory of Neurosis*, p.142。

要被遏止[57]」。比起「正常」性慾，性變態行為好似更能給人幸福的承諾（法文processes de bonheur），然而這個承諾是怎麼來的呢？佛洛伊德強調，它來自於這些偏離正常行為所具有的「排他性」特質，它們拒絕了性行為的生殖功能，性變態的行為表現出反抗被生殖所掌控性慾，同時對抗保證了這種秩序的機構。精神分析理論將這種排他性或避開生殖的行為，視為與持續進行的生殖鏈相互對立，從而去對抗父權的統治，這是一種防止「父親再度出現」的傾向[58]。性變態行為被視為拒斥現實自我對快樂自我的全然奴役，源於它們身在這個壓抑性的世界中卻要爭取本能的自由，因此它們通常具有一項特徵，即遭受一種伴隨著性慾壓抑的罪惡感的強烈否定[59]

性變態行為以快樂原則之名，並借助它來反抗操作原則，因而呈現出與幻想（fantasy）極其相似的心理活動。「逃避現實的檢驗，並持續只服從快樂原則[60]」，作為一種藝術家的想像，幻想並非只是性慾變態行為表現的其中一個組成的元素，它

57 *A General Introduction to Psychoanalysis*, p.282。
58 G. Barag, "Zur Psychoanalysis der Prostitution", in *Imago*, Vol. XXIII, No. 3(1937), p.345。
59 Otto Rank, *Sexualitdt und Schuldgefuhl* (Leipzig, Vienna, Zurich: Internationaler Psychoanalytischer Verlag, 1926), p.103。
60 Freud, "…Two Principle in Mental Functioning", in *Collected Papers*, IV, 16-17。

同時結合了完整自由和滿足的畫面[61]。在壓抑的控制下，正常、社會實用性和善之間被強加上等式。快樂則為了它自己的樂趣，必須表現成像《惡之華》敘述的那樣，為反抗將性慾作為實用目的加以管制的那種社會，性變態行為堅持性慾即是其目的本身，它們將自己放置於操作原則統治之外，同時挑戰操作原則的絕對基礎。它們建立了一種原欲的關係，此關係必然被社會放逐，因為它具有撤銷文明進程的威脅性，威脅撤銷掉有機體變成工具的這個文明。性變態行為作為一種象徵——象徵在自由與快樂之間具毀滅性的特性，這個象徵必須受壓制，如此這種壓制的力量才能占主導地位，並對人和自然組織有更有效的統治。同時，對性變態行為的許可將危及生產秩序，並不只是在勞動力這部分，更甚至危及人類自己。愛欲與死亡本能的融合，在正常的人類生存中岌岌可危，而在性變態行為中遠離了這種危險，這種擺脫危險的融合在死亡本能中顯現了愛欲的成分，性變態行為意味著愛欲和死亡本能最終合而為一，或是愛欲對死亡本能的屈服。文化對於原欲的任務（生命的任務？），也就是讓「破壞性的本能無害[62]」在這個地方什麼都不是了，因為尋求終極且完整滿足的本能驅力從快

61 Rank, *Sexualitdt und Schuldgefuhl*, pp.14-15。

62 Freud, "The Economic Problem in Masochism", in *Collected Papers*, II, 260。

樂原則回歸到涅槃原則。文明承認並加以制裁了這樣的極端危險性：它讓死亡本能和愛欲在高度昇華和愛情已死的產物（一夫一妻制）中合流，同時取締愛欲作為其自身的那較不完整然而卻實際的展現。

沒有任何一個死亡本能的社會性組織能與愛欲並行：（死亡）本能深刻的運作使它在系統性和秩序性的組織中獲得保護；只有它一部分的衍生物表現才受到影響，作為施—受虐滿足的組成成分，它在性變態行為所遭受的嚴格禁忌中跌落。仍然，只有在對死亡本能和其衍生物進行轉化和利用，文明的完整進展才得以進行。原初的破壞性從自我轉向到外在世界，這成為了技術性發展的養分，同時使死亡本能作為超我的結構這件事成功迫使快樂原則懲罰性地向現實原則妥協，這也確保了文明的道德性。透過這樣的轉變讓死亡本能為愛欲服務了；（愛欲的）攻擊衝動為持續對自然變成人為福祉的改造、掌握和開發提供能量，透過對事物和動物（以及通常包含人類）的攻擊、分化、改變與粉碎，人類更加延伸了他對世界的統治，將文明發展到更富裕的程度。不過，文明處處保留了其致命的組成標誌：

……我們似乎被迫接受這個恐怖的假設，所有的人類建設性社會活動絕對結構和內容之中，都顯現出死亡原則，所有進步的衝動都將耗盡，智力無法持久地抵抗強勁的野蠻狀態[63]。

被納入社會的破壞性一再強調它們最初的動力無視任何實用性，在對抗民族和群體敵人、征服時間空間和人類的戰爭中，多樣化的理性和理性動機背後，愛欲的死對頭表現出對犧牲者的持續贊同與參與[64]。

「在人格塑造的過程中，破壞本能透過建構超我得以更清楚地表現它自身[65]」，透過對本我「不現實」衝動的防禦抵制，也透過伊底帕斯情結的持續征服功能確保了這件事情，超我建立並保護自我的統一性，並在現實原則下維護其發展，因此能夠為愛欲工作。然而，超我之所以可以達成這種目標，是靠著指揮自我去對抗本能，將部分破壞性本能轉而對抗一部分的人格——為了整體的統一性而摧毀、「分裂」人格，於是它便能為生命本能的抵抗者服務。這種內在—指揮的破壞性，更進一步組成成熟

63 Wilfred Trotter, *Instinct of the Herd in Peace and War* (London: Oxford University Press, 1953), pp.196-197。
64 Freud, "Why War?", in *Collected Papers*, V, 273ff。
65 Franz Alexander, *The Psychoanalysis of the Total Personality*. P.159。

人格的道德良心與良知，這些對文明而言彌足珍貴的道德動力，表現出受死亡本能影響的樣貌；超我施加的絕對命令仍然是一種自我—破壞的命令，即使是它建構出人格的社會性存在。壓抑性的工作是屬於死亡本能，同時也屬於生命本能，通常它們的相互融合仍是健康的，但超我持續的嚴格支持將會危害到這個健康的平衡，「當一個人越是遏制自己對他人的攻擊傾向，他在他的理想自我中就活得越強橫，這仍是攻擊性的，然後他的理想自我對他自我的攻擊傾向就越強烈[66]」。當被逼到極限時，憂鬱症，「一種死亡本能的純粹文化」將在超我中施展其力量，它可能成為「死亡本能的單一匯集之地[67]」，但這種極端的危險性即使在正常情況下的自我中仍擁有其根莖，自我的活動造成

> ……超我中攻擊本能的釋放，它對原欲的掙扎抵抗將自己暴露在虐待和死亡的危險當中，在承受超我攻擊之苦或者屈從於它們時，自我面臨了和原生動物同樣的命

66 *The Ego and the Id*, pp.79,80。

67 同前註，pp.77,79。

運，**被它自己創造出的蛻變物毀滅**[68]。

而且佛洛伊德補充說明「從（心理）經濟觀點看來，超我中具有功能的道德似乎正是這種蛻變物的產物。

正是這種前後關係，促使佛洛伊德元心理學開始面對這個命中註定的文明辯證法：最初的文明發展導致漸漸增加的破壞力量，也導致這股力量的釋放。為了闡述佛洛伊德個人心理學與文明理論的關聯性，我們有必要重新解釋不同層次的本能動力——也就是，屬系群體面向的論述。

68 同前註，p.84。

第三章

壓抑性文明的起源（屬系發展）

探索壓抑的起源，可追溯至發生在孩童時期的本能壓抑的起源。超我是伊底帕斯情結的繼承者，且壓抑的性慾組織主要與前性器期和變態的性慾表現直接對抗。而且，「出生的創傷」釋放了第一個死亡本能的表現——想回到子宮的涅槃狀態的衝動——以及隨後一連串對這股衝動必要的控制。在童年時期，現實原則已經完成了它的工作，那時是如此徹底且決斷，以至於日後成熟個體的行為不過是童年經驗和反應的重複狀態。但童年經驗的這種被現實原則影響而變成創傷的現象，是**前個體的、通用的**，因為在個體的變化之下，嬰兒的保護性依賴、伊底帕斯情結和前性器期的性慾全部都屬於人類這個屬系，而且神經質人格（neurotic personality）超我不合理的嚴格性、無意識的罪惡感和無意識的懲罰需求，似乎都超出實際的「罪惡」衝動比例。罪惡感在成熟時期的永久性和（就像我們將會看見的）集約化，以及它對性慾組織的過分壓抑，都不能按照仍舊危險的個體衝動來解釋。「個體自己當初經歷的事情」並不能恰當說明個體對早期創傷的反應，它們偏離了個人經驗，「以一種更像是按照屬系事件來回應的方式」，且通常只能用「受到如此影響」來解釋[1]。人格心理結構的分

---

1 Freud, *Moses and Monotheism* (New York: Alfred A. Knopf, 1949), p.157。

析因而努力回溯至童年早期，從個人前歷史時期回溯至屬系。在人格方面，根據奧托・蘭克（Otto Rank）的說法，有一種「生物性的罪惡感」在運作。這代表了物種的需求，而道德原則是從「孩子出生後的第一年間，從哺育者那裡吸收而來的」，反映出「原始人類某些特定屬系的回應[2]」。文明仍然取決於它的**古老傳統**，且這個傳統，如佛洛伊德斷言，包含「不只有前一代的氣質，還有其觀念和內容、記憶痕跡」。只要個人仍然在其屬系的古老身份裡，個體心理學就成為它自己的群體心理學，這樣的古老傳統在「個人與集體間的隔閡中」搭起了橋樑[3]。

這個觀點對科學的方法和內容具有深遠的意義。就像心理學撕開了意識形態的面紗並探索人格的結構一般，它帶來了個體的消解，因為個體自主性的人格即是人類共同壓抑的**僵固化**表現，自我意識和理性征服並塑造了歷史性的世界，且是用內在和外在的壓抑性形象為之，它們成為了統治的代理人。它們帶來的自由（且是相當大量的），正是由奴役生長而成的，並且保有了它們出生時的印記，這是佛洛伊德人格理論中令人不安的原因所在。心理學將其主要組成的自我人格意義「消解掉」，這些實

2 Alexandar, *The Psychoanalysis of the Total Personality* (New York: Nervous and Mental Disease Monograph No. 52, 1929)。

3 Freud, *Moses and Monotheism* (New York: Alfred A. Knopf, 1949), p.158。

際上（大部分意識不到的）造就個體的因素，即亞個體和前個體於是表露無遺，因為它揭示了存在個體之中並作用於個體的普世力量。

這個揭露破壞了現代文化其中一個最堅固的意識形態堡壘，也就是對個體自主性的主張。佛洛伊德理論如今也加入了強大的批判性行列，將僵硬的社會學概念融入歷史性的內容中。他的心理學關注的並不是私人或公共環境中存在著具體和完整的人格，因為這種存在並不能說明人格的本質和天性，反而將其隱藏了。人類與構成社會的機構實體相互之間形成的網路，凝聚成漫長的歷史過程，而人格的存在則是這個過程的結果，且這個過程決定了人格和其關係。所以，為了理解其真正的樣貌，心理學必須透過追溯它們隱藏的根源來解除限制（unfreeze）。在這個過程中，心理學發現具決定性的幼年經驗會和屬系經驗連結，也就是說，與個體所在的人類普世命運相連。之所以過去能夠決定現在是因為人類尚無法主導自己的歷史。對佛洛伊德而言，普世命運發生在本能的動力中，而本能動力乃是經過歷史性「修正」的主體。一開始是統治的經驗，以原始父親為象徵，這也正是極端的伊底帕斯情結。這永遠無法完全克服，文明化人格的成熟自我仍保留了人類的古老傳統。

如果我們不將自我的依賴性列入考慮，那麼在佛洛伊德之後的著作裡被漸漸強調的自我自主性就很可能遭人詬病，因為那放棄了精神分析中最進步的概念。這是文化與人際關係學派的一種倒退，在佛洛伊德最後幾篇文獻[4]裡，其中一篇提到，並非所有自我修正都「來自於幼年早期的防衛衝突中」，他認為「每個個體都在一開始就被賦予特殊的氣質和傾向」，其中存在著「自我原初先天的差異性」，然而，這種新的自我自主性似乎轉向反面，因為佛洛伊德不但沒有收回前個體屬系群體的自我依賴性，反而強化了這種自我發展中屬系群體的效應。這是因為他是依照「我們的」古老傳統來解釋自我先天差異，且他認為「**即使**是在**自我存在**之前，其隨後一連串的發展、傾向及反應都已經被決定了[5]」。確實，在自我明確恢復時，他強調其伴隨「原始人類在古老傳統中發展表現的累積」。當佛洛伊德從自我的先天結構得到結論，「自我和本我之間的形勢差異對我們的研究失去了意義」，於是這種自我和本我間的同化似乎改變這兩種心理力量的平衡，且偏好本我更勝自我，也就是偏好屬系更勝個人[6]。

4 "Analysis Terminable and Interminable", in *Collected Papers* (London: Hogarth Press, 1950), V, 343。

5 同前註，pp.343-344。粗體為引述者所加。

6 對於佛洛伊德〈Mutual Influence in the Development of Ego and Id〉一文，Meinz Hartman 強調了屬系的觀點，「自我和本我的觀念是經歷數十萬年發展而來的，它是一種累積的形式，且部分是與生俱來的」，然而，它卻假定了「自我發展的原始自主性」。Hartman 的文章收錄在 *The Psychoanalytic Study of the Child VolVII* (New York: International Universitis Press, 1952)。

佛洛伊德的理論中，從未有任何一部分像古老傳統存在人類世界這個觀念那樣，遭受如此強烈的抵制，這裡指的是原始部落進展到文明社會的弒父情形，他從中重建了人類的歷史前期。這更在科學驗證與邏輯一致性方面顯得困難，且甚至無法克服。而且在佛洛伊德的假說中，對禁忌的逾越又更有效地增加這種困難的強度，不但沒有重回那人類抵抗神而負罪失去的天堂樣貌，反而重現了人對人的統治，這統治乃是建立於非常世俗的父權—獨裁，以及那個對父親永遠無法成功和完成的叛變。這個「原罪」是與人對抗的——且那也不是罪惡，因為它堅定抵抗著帶罪的自身。且這個屬系的假說說明了古老的不成熟心理乃是成熟文明的必要條件。對前歷史的衝動與行為的記憶仍在文明中隱隱作祟，那些壓抑性的內容會再次出現。個體仍因為很久以來便控制的衝動和很久以來就從未完成的作為而遭受懲罰。

若不是佛洛伊德假說已獲得人類學的證實，它早就要被全然拋棄了。除了他能夠把一系列災難性事件和統治的歷史性辯證法精簡化，並且從而闡明迄今未能被解釋的文明觀點這個事實之外。我們使用佛洛伊德人類學方面的學說，僅僅是為了這個理由：它具備象徵的價值。這個假說規定的古老事件或許永遠超出人類學能驗證的範圍，而所謂這些事件造成的結果是歷史事實，它們按照佛洛伊德假說的解釋而導致了一種易被忽視的意義，這個意義能指出歷史前景，如果這種假說輕忽了常識的重要性，那麼它將因此提出被常識所遺忘的真理。

在佛洛伊德的理論結構中，第一個人類群體是由個人對其他人強迫性的規範所建立維持的。在人類屬系群體生命中的某一時刻，生命已被統治組織起來了，這個統治其他人的就是父親——這個擁有被他人渴望的女人並創造、養育子女們的人。這個父親獨占了女人（最高度的快樂）並讓部落裡的其他成員屈服於他的力量。他是否正因為成功排除了他們的高度快樂所以成功地統治他們呢？在任何情況下，族群作為一種整體，對快樂的獨占都意味著對痛苦的不公平分配。「……作為兒子，是種難受的命運；如果他們激起父親的嫉妒，就可能會被殺害、閹割或流放。他們強迫生存在一個小圈子內，並從他人那兒偷走妻子[7]。」在原始部落中，無論什麼必要性的工作都是兒子們在承擔著，他們的快樂被排除而保留給了父親。現在，透過不快樂但卻必要的活動，這樣的本能能量「自由了」。父親強加於本能需求上的約束，也就是對快樂的壓抑，於是成為不僅僅是統治下的產物，更創造出讓統治能**持續進行**的心理前提。

7 *Moses and Monotheism*, p.128。

在這個原始部落組織中，理性與非理性、生物性和社會性因子、共同和特定的利益，全部都密不可分地交織在一起。這種原始部落是一種暫時性功能的群體，它用某些類型的命令來維持它自己，使得這些建立群體的專制獨裁命令被認為是「合理」的，目的是創造並維持該群體，從而再度創造出整體性與共同利益，為往後文明的發展設立榜樣。原始父親透過對快樂的強制約束和節制來為進步的基石作準備；他於是為未來創造出紀律嚴明的「勞動力」前提，而且，這種對快樂的階級或分配是「合法」的，是因為那是為了保護、安全和甚至「愛」的考量：因為獨裁者是父親，他的子民對他的恨意必然在一開始伴隨著生物性的情感，這種矛盾情感表現在希望取代又同時希望模仿父親，希望自己被當作父親，擁有他的快樂與權利。父親照著自己的利益設立統治，這麼做的時候，他是根據自己的年齡、生物功能和（最重要的）他的成功來合法化自己的統治。他創建出群體為避免瓦解而不能沒有的「命令」，在此規則下，原始父親預告了文明進步中隨之而起的專橫父親形象。在他的個人和功能方面保有現實原則的內在邏輯與需求，他擁有了「歷史性的權力[8]」。

8 同前註，p.135。

在原始父親消失之後，部落再生的秩序留了下來：

……任何一位兒子都有可能在原始部落中成功達到與父親相似的形態，有利地位會自然而然形成：受母愛所保護的那個最小的兒子，將得利於父親的年邁，並在他死亡後取代他[9]。

原始特定的獨裁者制度後來變成一種「有效」秩序，但這種與部落疊加在一起的組織必然相當不穩定，且隨之而來的抗拒家長專制的憎恨也相當強烈。在佛洛伊德的解釋中，這股憎恨會在流亡兒子的叛變、屠殺並反噬父親的行為裡達到高峰，並且新的兄弟氏族的建立，會反過來神化那位被謀殺的父親，並引進一些禁忌與約束。佛洛伊德認為，這就產生了社會道德。根據佛洛伊德對原始部落的假說，將兄弟叛變視為反抗父親在原始部落對於婦女施加的禁忌，其中並沒有對快樂的不公平分配進行「社會性」抗爭。所以，在嚴格的意義下，文明僅在兄弟氏族間開始。而此時，具統治地

9　同前註，p.128。

位的兄弟自己強加的禁忌，是為了族群整體的**共同利益**才施加壓抑。將兄弟氏族從原始部落分開的決定性心理學事件是**罪惡感**的建立。原始部落的超越性發展——也就是文明——預設了罪惡感的立場：它內化於個人之中，並維持了禁忌、約束和延遲滿足的原則，這些全是文明所仰賴的。

可以合理推測，在弒父之後，會有段時間兄弟們彼此爭執繼承權，他們每一個人都想要獨自獲得，但接著他們就會明白這些爭執既危險又徒勞。如此得來不易的理解——就如同他們記得他們共同達成的解放功業，以及在流亡時彼此所產生的感情——最終將他們結合在一起，成為一種社會性的聯結，於是產生了第一個社會性組織的結構，伴隨著對本能滿足的放棄、相互義務的確立，機構遂將成為神聖不可侵犯的。這些都再也不能被破壞了——簡要地說，這就是道德與法律的開端[10]。

反抗父親也就是對生物學合法權力的反抗，他的被謀殺同時摧毀了保有生命群體

10 同前註，p.129。

的秩序，反叛者們犯下了與全體對抗的罪惡，他們同時也對抗了他們自己。他們在他人與自己面前都是有罪的，而他們必須懺悔，對父親的謀殺極端罪惡，是因為父親建立了繁衍的秩序，他本身**就是**創造和保存所有個體的屬系本身，他將族長、父親與獨裁者合一，同時結合性慾與秩序、快樂與現實；他喚起愛與恨，他也奠定人類歷史所依存的生物性與社會性基礎，他的殲滅將威脅群體其他生命，他們可能也因此被殲滅，並恢復快樂原則在前歷史與潛歷史的破壞力量。兒子們想要的東西和父親一樣：他們想要需求被永遠滿足。為達成目標，他們唯有在新的模式中重複過往，也就是建立起統治的秩序，這樣才能控制快樂並保存群體。父親被當作神樣地崇拜，是為了使罪人懺悔，於是他們可以繼續犯罪。新的父親保障了對快樂的壓抑，這對保存群體和規則是必要的，從一個人到數個人的統治發展，與快樂的「社會擴散」有關，並在統治群體本身造成自我強加的壓抑：**所有**組織成員想維持他們的規則就必須服從禁忌，壓抑如今滲透進入壓迫者自己的生命中，且他們一部分的本能能量被利用，並在「工作中」昇華。

與此同時，氏族裡對女人的禁忌導致了朝向其他部落的擴張與合併，性慾組織化開啟更大單位的形式。這是佛洛伊德所認為的文明中愛欲的功能，女性角色具有逐漸增加的重要性。「隨著父親的死亡，權力重要的一部分空缺出來，並轉移給女人，母系社會隨之來臨了[11]。」這似乎對佛洛伊德假說而言是很重要的，在文明一系列發展中，父權專制是**先於**母系社會的。較低度的壓抑統治、愛欲自由地延伸，都是傳統上與母系社會相關聯的。在佛洛伊德假說裡，這是推翻父系專制的結果，而非「自然」形成的。在文明的發展中，自由只在**解放**裡才成為可能，解放是**追隨**統治的，且能夠導致統治獲得重新的肯定。母系又被父權反革命再度取代，後者還受到了宗教體制化的穩固。

在那個時期，大規模的社會革命發生了，母系社會隨後受到父權命令的復辟。新的父親的確無法像原始父親那般無所不能，是因為他們的人數眾多。且比起原始部落，他們生存在更大規模的機構中，他們必須和其他人相處，並且受社會機構所約束[12]。

---

11 同前註，pp.129-130。

12 同前註，pp.131-132。

男性神祇最初是以大母神（the great mother deities）身旁的兒子形象出現的，然而他們逐漸呈現出父親的特徵，原本的多神論被一神論取代，然後重現那「唯一且僅有的權能父神[13]」，這是崇高且昇華過的，使原始統治成為永恆、廣大無邊且善的模式。這模式保衛了文明的發展過程。原始父親的「歷史性權力」因此而恢復了[14]。

在佛洛伊德的假說裡，罪惡感內化於兄弟氏族中，同時併入第一個「社會」裡面。最早的罪惡感是由那滔天大錯的罪行產生的——也就是弒父。這個罪行的後果引起焦慮，其結果是雙面的：它一方面威脅要毀滅群體生命，來自於它會除去（雖然恐怖但是）群體賴以生存的權威；但同時，這種消除也許諾了一個沒有父親的社會——這就意味著將不再有壓抑和統治。我們難道不能認為，罪惡感就反映了這樣的雙面結構和矛盾性嗎？反叛性質的弒親行為只是在阻止**第一種**結構，在這裡指的是威脅，因為他們用很多父親取代唯一的父親，然後神化且內化他。但這樣做就違背了他們自己立下的對解放的承諾。家長專制體制成功地對反叛的兒子灌輸現實原則，他們的叛變中斷統治之鏈，這僅維持很短的時間。然後新獲得的自由又再一次被壓抑了——這次來自

13 同前註。
14 同前註，pp.135-136。

於他們自己的權威和行動。他們的罪惡感難道不包含他們背叛並否認自己承諾的罪惡嗎？他們難道不會因為恢復父親的壓抑性而感到罪惡嗎？難道不會因為自己施加永久的統治而感到罪惡嗎？如果把佛洛伊德假說與本能動力相互對照的話，就必須考慮這些問題。現實原則是如此根植於底層，即使在最原始粗暴的狀態下亦然。快樂原則成為一種好鬥且可怕的東西，它對慾望滿足的衝動將撞見迎面而來的焦慮，這個焦慮會喚起保護意識並對抗快樂原則。個體必須克制自己全然的解放需求與痛苦，克制全然的慾望滿足，以捍衛自己。後者（全然滿足）是以母親為代表的女性，曾一度，絕無僅有地，提供了這樣的滿足。這些本能因素不斷重複解放與統治相互交織的節奏。

性的力量讓女人在共同體中是危險的。這個共同體是替代了父親之後，由恐懼為基礎的社會結構。君王被人民殺害，為的不是自由，而是為了讓人們自己承擔共同的桎梏，這個桎梏足以更加確保他們不受母親的吸引[15]。

15 Otto Rank, *The Trauma of Birth* (New York: Harcourt, Brace, 1929)。

君父被殺不只是因為他強行施加令人難以忍受的約束，更是因為這個由個體強加的約束無法有效地「屏障亂倫」，無法有效地應付想回到母親懷抱的渴望[16]，解放帶來的是「更進階」的統治：

父權統治發展成日益壯大的國家系統狀態，由男性管理的系統承接了早期的壓抑，並且致力於更大範圍地隔絕女性[17]。

推翻君父是一種罪行，但將他重現也是一種罪行——這兩者都是文明發展的必要條件。對抗快樂原則的罪贖回了對抗現實原則的罪，贖罪也就自我取消了。儘管贖罪不斷地重複和強化，罪惡感仍持續著：焦慮仍固著，是因為對抗快樂原則的罪沒有被贖回，它是來自未履行承諾的罪惡，也就是那關於解放的承諾。部分佛洛伊德的概念指出：罪惡感是「攻擊不完全的結果」，以及：

16 同前註，p.92。
17 同前註，p.94。

> ……一個人是否殺了他的父親，或是否放棄他的承諾，都不那麼重要；一個人感到有罪是由於他表現矛盾的衝突，或是由於愛欲和破壞本能或死亡本能間的掙扎[18]。

很早以前，佛洛伊德就曾經談過罪惡感的預先設定（pre-existing），它似乎「潛伏」於個體中，伺機等待「吸納」指控以自我對抗[19]，這個看法回應了「浮動的焦慮感」，這甚至隱藏在個人無意識底層中。

佛洛伊德認為最初的犯罪以及與它相連的罪惡感，是以修正後的形態不斷在歷史中重生。這個罪行在新舊世代衝突之際、在抵抗權威的反叛與叛變之中，都不斷地被重新設定。佛洛伊德認為**重返壓抑**（return of the repression）的假說可解釋這個特異的永恆回歸。他使用宗教心理學加以說明。佛洛伊德認為，他在以殺害摩西為開端的猶太教歷史中，找到了弒親和父親的「回歸」與贖罪的線索。這個假說在佛洛伊德解釋反猶太教主義時變得更加清楚。他相信反猶太教主義根植於無意識中：嫉妒猶太人，他們要求成為「長子的，天父罪寵愛的孩子那樣」；對割禮的恐懼與閹割相關，

18 *Civilization and the Discontents* (London: Hogarth Press, 1949). pp.128,121。

19 "Psychoanalysis and the Ascertaining of Truth in Courts of Law", in *Collected Paper*, II, 23。

還有，或許是最重要的「對新起宗教的怨恨」（指基督教），這是「在相對近期的時間內」強加於現代人身上的，這個怨恨被「投射」到基督教的來源，也就是猶太教上[20]。

如果我們超越佛洛伊德並依循這條思路，將它與罪惡感的雙面性連結，那麼基督的生命與死亡，就表現出對父親的抵抗掙扎，以及征服父權的偉大勝利[21]。聖子傳遞的信息就是解放的信息，即基督之愛（即愛欲）會推翻法律（即統治），這使得基督適合化身為異教徒救世主，也就是降臨世間拯救人類的彌賽亞（希伯來文 Messiah，先知、拯救者），然後接著是彌賽亞的聖餐變體、天父身旁聖子的神格化，這些都是弟子對神諭的背叛——對解放本身的否定，以及對救世主的報復。基督教的基督之愛——愛欲福音再度向法律投降；父權的命令再度被恢復且強化。佛洛伊德表示，神諭指示，為了世間的愛與和平，原罪本來應獲贖回，然而卻沒有。它寧願被另一種罪取代，也就是抵抗聖子之罪。在聖餐變體時，他的福音也跟著變質了；隨著他的神格化，他帶來的神諭也消失。苦難和壓抑被延續下去了。

20 *Moses and Monotheism*, pp.144f。

21 參見 Eric Fromm, *Die Entwicklung des Christusdogmas* (Vienna: Internationaler Psychoanalytischer Verlag, 1931)。

這個解釋為佛洛伊德的一個陳述提供了進一步的意義。在他的陳述中，基督徒「被不當地受洗」，「在基督教薄薄的面紗背後，他們仍保有他們祖先保有的，那野蠻的多神論[22]」。他們至今仍「被不當地受洗」，是因為他們僅在高度昇華的狀態下接受並服從解放的福音——此昇華狀態仍使現實如同過去那般不自由，（佛洛伊德意義上的）壓抑，僅在基督教體制化過程中扮演微小的角色。原本內容的轉變、原本目標的偏移，都是在光天化日之下有意識地公開爭論和辯解的。同樣公開化的還有基督教體制化對異教徒的武裝鬥爭，而這些異教徒努力，或聲稱他們正在努力，挽救未被昇華的內容和未被昇華的目標。遍布基督教時代的反基督教革命血腥戰爭背後固然具有好的合理動機，然而，殘酷且有組織的屠殺純潔派、阿爾比派和重浸派教徒；以十字架為旗幟對奴隸、農民和窮人進行抵抗，燒死女巫及護衛者，這些對弱者虐待式的毀滅都說明無意識本能強行中斷任何理性和理智化的過程。劊子手和其他合夥人攻擊解放的幽靈，這種解放是他們渴望卻被迫放棄的。對抗聖子之罪，當殺了那些行為令人想起罪惡的人時，已經被遺忘了。經歷了好幾世紀的馴化發展，工業化文明的力量

22　*Moses and Monotheism*, pp.145。

和卓越才征服了壓抑的回歸。然而到了這個過程的後期，理性似乎被另一種壓抑的回歸推翻。解放越來越實際，而它在全世界都受到阻撓。集中營和勞改營對不守規定的人進行審判與磨難，激起了憎恨與憤怒，這在在顯示出與重返壓抑相對抗的全體動員。

如果說，宗教的建立本身就包含基本的矛盾——統治**以及**解放並存的形象——那麼，佛洛伊德的《一個幻覺的未來》（*The Future of an Illusion*）就必須重新被評估。佛洛伊德強調了宗教的角色在於使能量歷史性地從改善人類現實條件，轉移到想像世界中的永恆救贖。他認為這種幻想的消失大幅度提升了人類的物質和智力進展，且他也讚揚科學和科學理性是與宗教相抗衡的巨大解放。也許這是一篇最明顯的著作，表現出佛洛伊德與那偉大的啟蒙運動傳統如此靠近；但同時也最清楚地表明他更屈從於啟蒙辯證法。在近期的文明中，理性主義的進步理想只有在被重新設定時才被恢復，科學和宗教的功能，如同它們的相互關係一樣，都已經改變了。在人類與自然的全體動員內，科學成為最具毀滅性的工具，它毀滅的是那曾經被承諾，永無恐怖的自由。而就在承諾幻滅成泡影，「科學」幾乎等同於對人間天堂的譴責。科學態度早就不再是宗教好戰的對手，而宗教同樣也有效率地放棄了它的破壞元素，並且在人們面臨苦難和罪惡時，用美善的良心使他們習慣。在文化的範圍中，科學與宗教彼此成為互補；它們現在的功用都在否認它們曾經擁有的希望，並教導人們要感恩異化世界中的一切事實。在這個意義上，宗教就不再只是個幻想，它的學術成就使其降落到了主流趨勢的實證主義陣線[23]。然而宗教仍保留了對和平和快樂堅定的期望，比起科學致力於消除幻想，它的幻想仍存在高度的真理價值。宗教內容的壓抑和變形都無法因為服從科學態度而獲得解放。

佛洛伊德在鋪敘從個人精神官能症到人類群體歷史的過程時，應用了重返壓抑的概念[24]。這個從個人到群體的精神分析步驟，導引出其中最具爭議的問題：我們該如何理解歷史性的重返壓抑？

> 在漫長的數千個世紀歷程中，我們必然遺忘了曾有過一個原始的父親……以及他所遭受的命運……因此，我們是憑藉著什麼，而對傳統提出任何疑問[25]？

---

23 Max Horkheimer, "Der neueste Angriff auf die Metaphysik", in *Zeitschrift für sozialforschung*, VI (1937), 4ff。

24 "Rrepression", in *Collected Papers*, IV, 93。

25 *Moses and Monotheism*, pp.148。

佛洛伊德的答案是假定「過往的印象存在於無意識記憶裂痕中」，這個假定被廣泛地駁斥。然而，如果與喚起任何世代記憶的具體準確元素相互對照，這個假說就不能只看成空談。在列舉被壓抑物穿透進入無意識的條件時，佛洛伊德提到本能會強化性地去「依附被壓抑物」，並同時提到了「與被壓抑物非常相似以至於能夠喚起壓抑記憶」的事件與經驗[26]。他用「青春期過程」作為佐證本能強化的例子，在生殖性慾成熟的影響之下，它將會重現出

> ……所有人在嬰兒期傾向的幻想……其中他們發現最規律且最重要的，是孩童對父母性方面的感受。通常，它已經被性吸引力分化，意思是說，母親對兒子的吸引力、父親對女兒的吸引力，同時伴隨著對這種本能亂倫幻想的克服和拒斥，在青春期發生了最重要也是最痛苦的精神性成就。那就是與父母權威的分離，透過此過程形成了新舊世代分別，這對文化進展是至關重要的[27]。

26 同前註，p.150。

27 *Three Contributions to the Theory of Sex*, in *The Basic Writing of Sigmund Freud* (New York: Modern Liberty, 1938), pp.617-618。另參見 Anna Freud, *The Ego and the Mechanisms of Defense* (London: Hogarth Press, 1937), Chaps. 11, 12。

那些「令人記起」被壓抑的事件和經驗——甚至還不需要本能強化的依附——在社會層面上來說，它們都是個體日常所面對的慣例與意識形態，且在固定結構中，統治與推翻統治的衝動被一再地複製（家庭、學校、工作場所、辦公室、國家、法律、盛行的哲學與道德），原始情況與它所衍生的文明歷史性的回歸，其中最重要的不同之處當然在於後者狀態下的父王通常不再遭受殺害、吞噬，且統治也不再是個人的，自我、超我和外在現實已完成了它們的工作。然而「是否真有一位父親被殺或真有什麼承諾被拋棄」，根本一點也不重要，只要這些對立造成的效用和效果一樣就好了。

在伊底帕斯情結中，父親注定獲得最終的勝利，形勢確保了原始的情況一再重演，但這個形勢也確保兒子的生命和他未來會取代父親。文明是如何妥協的呢？眾多的身體、心理和社會過程導致了這個結果，而這事實上與佛洛伊德心理學的內容完全相同。驅力、認同、壓抑和昇華彼此交互合作形成了自我和超我，父親逐漸從個人功能形象轉變成他的社會地位功能，轉變成兒子心中的印象（良心），神格化，同時又成為不同種類的機構和代理人，他們教會兒子成為一名成熟且受約束的社會成員。**如果其他條件不變**（拉丁文 ceteris paribus），那麼，在這個社會所涉及約束力和放棄的強度，不會比原始部落少，然而當社會成為一個大整體時，父子間的資源分配就更加合理，這之中所得到的好處並沒有更大，但相對地更加安全。父親在一夫一妻制的家庭中有必須履行的義務，於是就約束了他對快樂的壟斷，私有財產繼承的機構化，以及勞動的普遍化，都讓兒子期望對自己應當擁有的快樂合法化，而這個快樂是依據他對社會有用的表現所決定的。在這樣客觀的法律和機構框架內，青春期帶來的父權解放就被視為必要和合法的事件，這無疑是心理上的災難——但也僅止於此罷了。接下來兒子將會離開家長專制的家庭，並準備好讓自己成為一位父親和主人。

從快樂原則到操作原則到的轉變，同時將父親的獨裁專制改變成教育約束和經濟權威，同時更改了原始掙扎的目標：也就是母親，在原始部落中那位被渴望女人的形象，父親的情人—妻子，是愛欲與死欲立即且自然的結合。她是性本能的目標，且她是兒子曾經擁有的完整寧靜，在她那裡沒有任何必須渴望的需求，也就是出生前的涅槃狀態。也許亂倫禁忌是對死亡本能的第一次巨大防衛，因為對涅槃的禁忌，也就阻止了倒退回寧靜的衝動，這個衝動會阻礙進度，也會阻礙生命本身。母親和妻子，這兩個角色分開了，那危險的愛欲死欲身份也瓦解了，作為母親來看待，感性的愛戀被**目標抑制**（aim-inhibited）並轉化成為**戀慕**（affection，**溫柔**），性慾和戀慕分離了，兩者之後只有在對妻子的愛中再度結合，這份愛的感性和溫柔一致，目標的抑制與目標的達成也一致[28]，溫柔是由節制而產生的，節制一開始是被原始父親所強加的，一旦溫柔產生了，它就成為不僅是家庭基礎，也是建立持久群體關係的基礎。

> 原始父親避免兒子們滿足直接的性慾情感，他強迫他們節制，並與他人建立情緒的聯繫。這種聯繫會在他們的情感受到性慾目標的抑制時被建立起來，可以說，父親強迫他們進入集體心理學[29]。

在文明的這個階段、在報償受抑制的系統中，不必破壞本能和社會規則也能征服父親。父親的形象和功能在每個孩子身上都被保留了下來，即使他們還不認識父親。父親與正式建構的權威融合在一起，人際關係範圍的統治擴大了，且更進階地創造出有次序地滿足人類需求的機構，但恰恰是這些機構的發展，破壞文明的建設基礎，這個內在限制將出現在晚期工業階段。

---

28 *Three Contributions to the Theory of Sex*, pp.599, 615; *Group Psychology and the Analysis of the Ego* (New York: Liveright Publishing Crop., 1949), pp.117-118; *Civilization and Its Discontents*, p.71。

29 *Group Psychology and the Analysis of the Ego*, p.94。

第四章

文明的辯證法

佛洛伊德將罪惡感歸作文明發展中的重要角色；而且，他建立了一種進步發展與罪惡感增強之間的關聯性，並說明了他的意圖是為了「反映出罪惡感乃文化進程中最主要的問題，並表示文明進步的代價就是透過增加罪惡感來沒收快樂[1]」。佛洛伊德一再強調，當文明越進步，罪惡感就「進一步強化」、「變得激烈」、「不斷增加[2]」。佛洛伊德提出雙重的證據：第一，他由本能理論推衍出分析理論。第二，他發現當代文明中重大的病症和不滿，能證實這個理論分析，例如一系列的戰爭、無所不在的破壞、反猶太主義、種族滅絕，以及那些隨著財富和知識增加而加重的「幻覺」（illusion）、勞苦（toil）、疾病和苦難。

我們曾簡要回顧了罪惡感的前歷史，「它最開始是出現在伊底帕斯情結中，父親被兄弟氏族殺害時所產生的[3]」。兄弟們滿足了攻擊本能，然而對父親之愛卻帶來了悔恨，透過認同作用創造出超我，於是就創造出「防止這些行為一再重複的約束力[4]」，結果，人類就放棄了這些行為；然而歷經一代又一代後，攻擊衝動再度復活

1　*Civilization and Its Discontent* (London: Hogarth Press, 1949), p.123。
2　同前註，pp.120-122。
3　同前註，p.118。
4　同前註，p.120。

了，直接抵抗父親以及他的接班人，然後再歷經一代又一代後，攻擊再度被壓制了下來。

> 每一次的放棄都成為良心的源泉；每一次新經歷的、對攻擊衝動的棄守，就讓良心變得更加嚴厲且無法妥協……每個被我們忽略而未能滿足的攻擊衝動，都被超我接管，進而增加它（對抗自我）的攻擊性[5]。

過度嚴厲的超我，將願望當作實際作為加以懲罰，甚至那些已經被壓抑過的攻擊性也不例外。現在我們按照愛欲和死亡本能之間永恆鬥爭來解釋：死亡本能延伸出攻擊衝動來對抗父親（以及他的社會接班人），但在將孩子與母親「分開」時，父親同時也抑制了死亡本能，也就是涅槃衝動，他因此從事了愛欲的工作；愛，也同樣為建立超我而工作著，嚴苛的父親，那愛欲令人生畏的代表，強制執行了第一個「公共的」（社會性的）關係：他的禁令產生了兒子們的認同作用，目標抑制的愛（戀慕）、不

5 同前註，p.114。

同氏族間的通婚、昇華等，在放棄權力的基礎上，愛欲展開了將生命彼此結合或更大單位的文化工作。而當父親被社會權威所鑲嵌、補充並替代時，也是當禁令和抑制擴張之時，攻擊衝動和它的目標也隨之擴張開來，正因為這樣子的擴張，在社會層面，對防禦的需求就增強了——也就是對罪惡感的需求增強了。

因為文化遵守內在愛欲的衝動，這個衝動命令文化將人類結合成緊密的織合物，唯有透過謹慎地煽動逐漸增加的罪惡感，才能達成這個目標。這個過程始於與父親的關係，結束於公共關係。如果說，從家庭群體的發展到人類整個群體，文明都是無法避免的過程，那麼罪惡感的集約化，也就是由固有矛盾衝突、愛和死亡驅力間永恆的鬥爭所造成的罪惡感，也就同樣不可避免地與文化綁在一起了。直到有一天，罪惡感也許膨脹到了個體難以忍受的地步[6]。

在這種罪惡感的量化分析中，對於罪惡感變質逐漸增加的不合理性，也似乎不存

6　同前註，pp.121-122。

在了。確實，佛洛伊德主要的社會學立場使他避免遵照這樣的理路思考。對他來說，盛行理路能被測量的就是最高等級的理性。如果說，罪惡感的不合理就是文明本身的不合理，那它就是合理的；如果推翻統治同時也摧毀文化本身，那這就還是滔天大罪。那麼，只要是防止這件事發生的手段，都是合理的。然而，佛洛伊德自己的本能理論促使他進一步表明，這種原動力全然已死而且無用，加強對攻擊的防禦是必要的，但為了有效防禦已被強化的攻擊，那就必須強化性本能，唯有強壯的愛欲能有效「牽制」破壞本能，但這恰好是**已發展完成的文明做不到的**，這是因為文明賴以生存的正是它那廣泛且強化的分類狀態和控制，本能目標一連串的抑制和轉向「無法打破我們的文明，因為簡單來說，它就是在本能抑制中建立的[7]」。

文明首先是在工作方面的進展，意思是說，為了獲取和增加生活必須品的工作，通常工作本身是無法得到滿足的；對佛洛伊德而言那是不快樂的、痛苦的，在佛洛伊德心理學中完全沒有「做工本能」（instinct of workmanship）、「控制本能」（mastery instinct）諸如此類的容身之地[8]，本能對快樂原則與涅槃原則保有天性，這樣的主張

7 "Civilized'Sexual Morality and Modern Nervousness", *Collected Papers*, (London: Hogarth Press, 1950), II, 82。

8 Ives Hendrick, "Work and the Pleasure Principle", in *Psychoanalytic Quarterly*, XII (1943), 314 更多討論請見本書第十章。

嚴格排除這些假設，當佛洛伊德偶然提到「人類厭惡工作的天性[9]」時，他僅是從他基本的理論概念中描繪出他的推論。「工作與不快樂」這個本能的症候群，在佛洛伊德的文獻中不斷重述[10]，而且，他解釋普羅米修斯神話（Prometheus myth）集中在遏止情慾與文明之間的關聯性[11]。在文明中基本上工作是非原欲的（non-libidinal），是勞動，勞動是「不愉快的事情」，且這種不愉快是需要被強制執行的。「如果一個人能透過任何方式獲得對快樂的全然滿足，那麼，是什麼動力促使他將性能量移作他用？畢竟，他是不會放棄這種快樂的，且他將會再也沒有任何進步[12]」。如果說，沒有所謂原本的「工作本能」，那麼（不愉快的）工作所需要能量必定是從原始本能「撤退」回來的——來自性本能以及破壞本能。由於文明主要是愛欲的工作，它首先撤退的就是原欲：文化「透過性慾方面的刪減獲得它所需要的大部分心理能量[13]」。

---

9 *Civilization and Its Discontents*, p.34 note。

10 在四月十六日的信件中，他提到「為了強化工作所而必要的溫和苦痛」。Ernest Jones, *The Life and Work of Sigmund Freud*, Vol. I (New York: Basic Books, 1953), p.305。

11 *Civilization and Its Discontents*, pp. 50-51 note; *Collected Papers*, V.288ff.。佛洛伊德對於在原欲滿足的明顯矛盾立場，出現在他的作品《文明及其不滿》（*Civilization and Its Discontent* , p.34 note）頁 212 以下。

12 "The Most Prevalent Form of Degradation in Erotic Life", *Collected Papers*, IV, 216。

13 *Civilization and Its Discontents*, p.74。

但並非只有工作的衝動受到被抑制了目標的性慾所供給，特定的「社會性本能」（例如「父母與孩子間的戀慕……友誼的感受，和婚姻中的情緒鏈結」）包含的衝動，是「由那些內在的約束力阻止它們達成目標的衝動構成的[14]」；唯有將這些放棄視為美德，才能使其社會化。每個個體都配合這樣的放棄（一開始是外在強迫性的影響，接著是內在的），且透過「這樣的緣故，累積文明中物質和理想財富這件事，才能擁有共同且全面的儲備[15]」。雖然佛洛伊德補充說，這種社會本能「不需要解釋成昇華」（因為它並沒有放棄這種性慾目標，而是把內容安置於「某些近似的滿足」），但他仍稱之為「非常接近的」昇華[16]。因此，文明主要的領域都表現為**昇華**的領域，但是昇華牽涉了**去性慾化**，即使這原本庫存於自我和本我中「中性可替換的能量」，這個中性能量，是原欲儲存的自戀情結延伸而來的。也就是說，它仍然是非性慾化的愛欲[17]昇華的過程會改變本能結構中的平衡。生命是愛欲和死亡本能的融合，在此融合

14 "The Libido Theory", *Collected Papers*, V, 134。
15 "'Civilized' Sexual Morality…", p.82。
16 "The Libido Theory", p.134。
17 *The Ego and the Id* (London: Hogarth Press, 1950), pp.38, 61-63。參見 Edward Glover, "Sublimation, Substitution, and Social Anxiety", in *International Journal of Psychoanalysis*, Vol. XII, No.3 (1931), p.264。

中，愛欲征服了它的死對頭，然而：

> 在昇華之後，愛欲的組成物不再具有和全部破壞性的元素相連結的力量，這些破壞性的元素曾經與之相連，如今用攻擊傾向和破壞傾向釋放出來[18]。

文化要求昇華持續發生，它於是就弱化了愛欲這個文化的建立者。然後，透過弱化愛欲達到的去性慾化，遂與破壞本能斷了連結。文明因此受到本能去融合化的威脅，死亡本能便努力戰勝生命本能，這源自於棄守，以及建立在棄守前提下的強化性，文明於是傾向自我毀滅。

這個論證太過順暢，以至於不大真實，故引發大量的爭議。首先，並非所有工作都涉及了去性慾化，第二，文化所強制的抑制性也同時影響——且也許是主要的影響——死亡本能的衍生物，攻擊衝動和破壞衝動。至少在這一方面，文化抑制強化了愛欲，而且，文明裡的工作本身就是攻擊衝動的大規模**社會性利用**的延伸，所以是為愛欲而服務的。對於這個問題較充分的討論，是預設其本能理論並非只定向在操作原

18 *The Ego and the Id*, p.80。

則，對非壓抑文明的印象（也就是操作原則的絕對成就所暗示的）必須被實際地評估。這樣的嘗試我們會放在本研究最後一章；這裡，只需作一些暫時的說明即可。

工作的精神來源以及它與昇華之間的關係，在精神分析理論的組成領域中是最常被忽略的。也許，精神分析是所有領域中最堅持它官方意識形態的，也就是對「生產力」的讚許[19]。無怪乎，新佛洛伊德學派（正如我們在本書後記中看見的）在精神分析的意識形態方面超越了理論本身，高調宣揚工作道德是完全無孔不入的，「正統」的論述幾乎完全集中在「創造性」工作，特別是藝術，而對現實所需的工作——也就是勞動——則被降低為背景層次。

的確，有一種工作能量提供高度的原欲滿足，從事這件事是令人愉悅的，同時，純粹的藝術作品，似乎產生非壓抑性的本能群集，而且它設想的是非壓抑的目標，以至於**昇華**一詞使用在這種類型的工作上時，需要很大程度的修正。但還有其他一部分文明相關的工作是完全不同的種類。佛洛伊德提出「如果自由選擇的話，日常賺取生活所需的工作能提供特定的滿足[20]」，然而，就算「自由選擇」的意思不是指，僅在

---

19 以上引述的 Ives Hendrick 文章是引人注目的例子。

20 *Civilization and Its Discontents* p.34 note。

預先設定好的小範圍中作取捨，以及，就算這種工作裡的趨向和衝動並不是早就在壓抑性的現實原則中形塑好的，日常工作所獲得的滿足仍屬於非常少數人的特權。在文明中，營造和擴大物資的基礎工作主要屬於勞動，異化的勞動、痛苦悲慘的勞動，而且到現在都還是一樣，這些工作的表現很難滿足**個人**的需要和傾向，它是透過殘忍的需索與蠻橫的力量強加在人們身上；如果異化勞動和愛欲有任何關聯，那也必然是非常間接的，且伴隨相當大程度對愛欲的昇華和弱化。

但是，**攻擊**衝動對文明的抑制難道不會同時抵銷愛欲弱化的情況嗎？攻擊如同原欲衝動那樣，應該可以「透過昇華」而被滿足，且對文化有益的工作「施虐衝動」通常是被強調的[21]。技術和科技理性的發展，被納入更廣泛的破壞本能「修正」範圍。

當破壞本能被緩和下來並被目標控管時，（就像之前的目標抑制一樣）它就被迫提供自我滿足的必需品，同時提供它征服自然的力量[22]。

21 Alfred Winterstein, "Zur Psychologic der Arbeit", in *Imago*, XVIII (1932), 141。

22 *Civilization and Its Discontents*, p.101。

技術提供發展的基礎。科技理性將人的心智與行為安頓在生產表現上。而且，「征服自然的力量」實際上與文明是相同的，在這些活動中，被昇華後的破壞性是否有效征服並轉而為愛欲工作呢？似乎，破壞性社會利用經過昇華後仍然比不上原欲。確實，將破壞從自我轉移到外部世界，保證了文明進展，然而，外向的破壞性仍是破壞的，它大部分的對象確實且猛烈地被攻擊、被剝奪其形式，且只有部分受到破壞的地方能夠重建；統一好的被強行劃分開來，組成的內容則被強行重組，自然狀態被真正地「違反」了。僅有特定類別的攻擊性經過昇華後（例如外科手術），違反自然的狀態後直接強化攻擊對象的生命。在文明中的破壞性，無論程度或是意圖上，都比原欲獲得更直接的滿足。

然而，當破壞衝動被滿足之後，它的能量並不會因此穩定並為愛欲服務。破壞力量必定會驅使人們去超越這樣被征服的狀態和昇華狀態。這是因為它的目標不是物體、不是自然、不是任何對象，而是生命本身。如果它是死亡本能的衍生物，那麼，它們便無法接受最終作為目標的只是某種「替代品」，於是，透過具破壞性的建設技術，透過建設性地違反自然，本能仍可能進行殲滅生命的操作。《超越快樂原則》（*Beyond the pleasure principle*）一書中激進的理論現在仍適用：自我保存、自我肯定以及征服本能，到目前為止都納入破壞性裡面，這將能夠保證有機體「用自己的方式走向死亡」的功能。佛洛伊德在提出這個假說時就立刻收回了，但是他在《文明及其不滿》（*Civilization and It's Discontent*）中的陳述似乎又恢復了它的重要內容，而且事實上生命的破壞性（包括人類和動物）隨著文明進展也跟著進展，對人的殘忍、憎恨和科學化滅絕行動的增加，都與消除壓迫的現實可能性有關——這種晚期工業化文明的特徵在本能裡生根，永久的破壞性超越了所有理性，先是對自然的征服逐漸增加，伴隨著勞動生產力的逐漸增加，建造並且滿足了人類的需求。但這僅是**副產品**，因為增加的文化財富和知識創造出了某些東西，這些東西又促進了破壞性，並且提供增強本能壓抑的所需物。

這個理論意味著存在客觀條件去測量文明特定階段本能壓抑的程度，然而，壓抑大部分是無意識且自動的，卻僅能以意識去測量。（屬系發展所需）的壓抑與額外壓抑之間的差異，也許能提供這種條件。在整體的人格壓抑結構中，額外壓抑是特定統治利益、在特定社會條件支持下的結果。額外壓抑的程度提供了測量的標準：越小程度的額外壓抑，代表著越小的文明壓抑階段，這種區分等同於人類受苦的生物性與歷史性來源之間的區別。佛洛伊德所列舉的「人類苦難三大來源」——意即，「對自然的超越力量」、「我們身體的衰敗傾向」以及「用不適當的方法去調整家庭、社群和國家之間的人類關係[23]」——其中第一個和最後一個就是嚴格意義上的**歷史性**來源；對自然的超越性以及社會性的關係組織化，在文明的發展中具有本質上的改變，結果，壓抑的必要性和壓抑所帶來的苦難，都隨著文明的成熟，以及對自然和社會所達到的理性支配程度而變化。客觀來說，本能抑制和約束的必要是根據苦役和延遲滿足的必要決定的。在成熟文明中，本能範圍的限縮造成更高度的壓抑，這同時發生在物質和知識降低了大量的放棄滿足與苦役，也就是說，文明實際上能大量釋放掉統治與苦役所需要的本能能量。只有在與歷史上的自由可能性有關時，本能壓抑的範圍和強度才有意義。那麼，對佛洛伊德而言，文明的進步是否等同於自由的進步呢？

我們已經了解，佛洛伊德理論聚焦在「統治—叛變—統治」反覆循環的週期上。然而，第二個統治並不是單純對第一個統治進行叛變；這個週期性的運動在統治方面**進步了**。從原始父親經由兄弟氏族而過渡到成熟文明中特有的機構權威系統，統治逐漸變成了非個人的、客觀性的、普世的。以及，它一樣更加理性、有效和具生產力。最後，在完全建立好的操作原則秩序下，從屬關係在勞動狀態的社會分化執行下呈現

23 *Civilization and Its Discontents*, p.43。

（儘管物力和人力仍然是不可或缺的工具），社會表現為持續擴張的有效操作系統；針對功能性和從屬關係的分級制度預設了客觀理性的模式：法律和命令完全與社會本身的生命相同了。在這個過程中，壓抑也一樣去人化：對享樂的約束與團體編制，如今成為一種分化勞動社會的功能（並且這是「自然發生」的結果）。確實，父親作為**父系家庭的家長**（拉丁文 paterfamilias），他仍然執行著對本能的編制。這是為了讓孩子們準備好接受額外壓抑，在成年之後成為社會的一份子。但是，父親執行這個功能時，是作為勞動社會分化的代表人物，而不是母親的「占有者」。在此之後，個體的本能就受制於勞動的社會利用，他為了生存而必須工作，這些工作不只需要他每天八、十、十二小時的時間和相對應的能量分化，甚至，他需要在工作及業餘時間內保持個人行為的一致性，必須符合操作原則的標準和道德。在歷史上，將愛欲降格為生殖——也就是一夫一妻制的性慾（這樣就完成了快樂原則對現實原則的屈從）。唯有當個體成為其所屬社會勞動機制中的主—客體，這件事才可以完成。然而，在個體發展學方面，嬰兒性慾的主要抑制構成這個愛欲降格的前提條件。

社會勞動分層系統的建立並不單單只是一種合理化統治，它更「牽制住」對抗統治的叛變。在個人層次上，原始的反叛包含在正常伊底帕斯衝突的框架裡。在社會層面，反覆循環的革命和反叛緊跟在反革命和復辟後面。從古老世界中的奴隸叛變到社會主義者革命，這些對壓迫的掙扎最終結束於建立一個全新「更好的」統治系統；進步透過一連串改良過的控制取得優勢。每一次的革命都是有意識的努力，一個統治群體取代了另一個統治群體。然而每一次革命所釋放的力量都「太超過了」，力量被放在統治和剝削的廢除。這種失敗何以如此容易就發生，這尚待解釋，無論是權力者聚集、生產力的不成熟或是缺乏階級意識，這些答案都不適當。每一次革命似乎都存在著戰勝統治的歷史片刻——但這些片刻都錯過了。這種動能似乎涉及**自我擊敗**的因素（暫時不去考慮力量的不成熟和不均等的那些因素），在此意義上，每一次革命都在背叛革命。

佛洛伊德針對罪惡感的起源與持續的假說進行解釋時，用心理學的角度來說，這個社會學動能說明了：叛變者同時擁有對抗叛變力量的「認同作用」，經濟與政治將個人合法地併入勞動的歷史性系統，這使得本能改變了，人類統治對象將複製他們自己的壓抑。同時，逐漸增加的合理權力似乎反應在逐漸增加的壓抑合理性，為了讓個體能保持在勞動工具狀態，強制他們放棄滿足並進行苦役，統治不再僅僅是，或說不再主要維護特定權力，而是同時將社會作為一個擴大規模的整體加以維護，那麼，發動叛亂的罪惡就加重了。對原始父親的叛變是將某個個體透過可能（或已經）被另一個體取代而淘汰掉；但當父親的統治擴展到社會的時候，就似乎不可能再有這種取代發生。那麼，罪惡感反而變成有害的了，對罪惡感的合理化也就完成了。父親在家庭和個人生物性權威上的約束力也就復活了，遠比當初更加強大，在行政管理上保證了社會生命，同時在法律上保證了行政管理。這個最終且最具有昇華性的父親化身，不再能夠被解放過程「象徵性地」超越，人們不再擁有擺脫行政管理和法律的自由，因為他們正是解放的終極保證。反抗行政管理或法律的罪惡是極端巨大的，這一次不再是對抗禁止滿足享樂的動物性暴君，而是反抗那聰慧的秩序，這個秩序保障了善，並為更進步的人類需求服務著。叛變現在變成了對抗全人類社會的罪行，因此再沒有任何報償或贖罪了。

然而，也正是文明的進步，讓這種合理化變得虛偽了，解放和滿足的出現都與政治需求綁在一起；因而解放與滿足自己就成為壓抑工具本身。以匱乏作為藉口，打從一開始就替壓抑的機構組織化辯護，但是當人類對自然的知識和控制進一步讓滿足人類需求的苦力減少時，這種辯護的威力就減弱了。世界上仍舊存在相當貧困的廣大區域，但已經不再主要是自然資源貧乏造成的，而是源於它們被分配與利用的方式。這個區別導引出壓抑「自然」的必要，也同時導引出人類欲望和滿足這些欲望的環境間永遠的失衡狀態，所以這種差異對政治或政治家一點都不重要了。如果說，這種「自然」條件提供壓抑的合理性，而非政治或社會機構造成結果，那麼，這就變得不合理了，工業文明中的文化使得人類有機體成為前所未有的具敏感性、具差異性、具可替代的工具性，並且有效地創造出巨大社會財富，這足以使這種工具成為其目的本身，這些可被利用的資源造成人類需求的**質變**。勞動的合理化和機械化使得本能消耗在苦役（異化勞動）上的能量減少了。於是多出來的能量就在各個官能中自由地發揮以達成他們的目標，技術操作對抗壓抑性的能量使用，這是因為它減少了那些用來生產生活必需品的必要時間，於是就可以省下時間發展**超越**現實所需並發展非生存必要的一切。

但是，將個體從匱乏和不成熟的約束中解放的可能性越大，對這種約束的維持和精簡化的必要性就越高，以免被統治建立好的秩序瓦解掉。文明必須自我抵抗，以防止自由的幽靈隱隱作祟。如果說，社會無法用它的生產力來降低壓抑性（是因為這種利用可能會干擾**社會現存**的階級劃分），生產力就必須轉而**抵抗**個性；它本身就成為普遍化控制的工具，極權主義在後期的工業化文明中遍布四方，這使得無論在哪裡，生產力都受到統治利益所控制，它的潛力於是被阻礙和轉移。人們必須保持內部和外部持久的動員狀態。統治的合理性進展到可能威脅有效性的根本，所以它必須比以前更有效地重申這種合理。這一次，已經沒有弒父了，甚至連「象徵性的弒父」都沒有了，因為父親沒有繼承者了。

超我的「自動化」呈現出社會遭遇威脅時的防衛機轉，這個防衛主要由加強的控制所組成，對意識層面的影響和對本能不一樣，如果放任不管，意識就會辨識出對更大更好的滿足所做的那種壓抑。對意識層次上的操縱，貫穿在當代工業化文明的軌跡中，廣泛地被解釋成極權主義和「主流文化」：私有生存和公共生存的相互協調；自發性的反應和被要求的反應的相互協調，發展不具有思考性的休閒生活，反理智主義的意識形態（anti-intellectual ideologies），都能作為這種趨勢的證明，這種控制向意識與閒暇時光原本自由的區域擴張，釋放了性禁忌（性禁忌原先很重要是因為全面性的控制尚未如此有效），相較於清教徒和維多利亞時代，現代的性自由無庸置疑是增加了（雖然對一九二〇年代的反抗清晰可見），然而同時，兩性關係本身更像是與社會關係同化了；性解放與利益考量協同一致了。性與社會利用彼此間根本的對抗性，反映出快樂原則和現實原則之間的衝突，而由於現實原則對快樂原則逐漸增加的侵犯，這種對抗性變得模糊。在異化的世界中，愛欲的釋放必須當作破壞且致命的力量在運作——它全然否定支配壓抑性現實原則。西方文明的偉大文學著作只讚頌「不幸之愛」，而崔斯坦神話（Thristan myth）變成如此壓抑性的表達並非偶然的。在嚴格意義下，這個可怕的浪漫主義就是「現實主義」，它與被解放後的愛欲破壞性是相反的，被鬆綁的性慾道德在堅固且根深蒂固的控制壟斷內部，將會為此系統服務。否定與「肯定」相互協調起來，例如黑夜與白晝、夢想世界與工作世界、幻想與挫折。於是，個體在這個被協調後的現實世界中放鬆的時候，他憶起的不是夢想，而是日常；不是童話故事，而是故事中的譴責。在他們的愛欲關係裡，他們遵守著——與魅力、與浪漫、與他們最愛的廣告形象的——約定。

但是，由於系統整體化且強力控制，發生了一種具決定性的放棄，它影響了超我的結構和內容，以及罪惡感的表現。而且，它們傾向實現完全異化的世界、消耗掉所有力氣，這個狀態似乎預備著讓成員和物質進入新的現實原則。

超我失去了它的根本，那個父親的創傷經驗更被無關聯的印象所取代。當家庭在個人對社會的判斷上已不具有重要決定性時，父子衝突就不再是衝突的樣板了。這樣的轉變來自於基本的經濟歷程。從本世紀開始，由「自由」資本主義轉變為「組織化」

的資本主義，獨立的個人企業不再是社會系統中的其中一個單位，它們被納入了大規模非個人化的群體組織當中。與此同時，個人的社會價值主要按照標準化的適應技術和性質去衡量，而不是他的自主判斷和個人責任。

家庭在社會功能方面的呈現反映出這種針對個人化技術性的廢除[24]。在此之前，無論好壞，家庭哺育並教育個人。同時，統治的規則和價值由家庭親自傳承，並透過個人命運而有所轉變。的確，以伊底帕斯情結狀態而言，是「世代」（以屬系為單位）而非個人在彼此交流，但在傳遞和繼承伊底帕斯衝突的時候，就是屬於個人層次的，且這些衝突會成為個人的生命史。年輕世代透過把與父母之間的抗爭視作個人愛與攻擊的矛頭，帶著大部分**他們自己的衝動**、理想與需求進入社會。於是，他們的超我結構、衝動的壓抑性修正、他們的放棄和昇華，都成了非常個人化的經驗。恰恰是因為這個緣故，他們為了適應而留下的痛苦印記，以及在操作原則下所過的生活，仍舊保留了私人不受控制的領域。

然而，現在，在經濟、政治和文化壟斷的規則下，成熟超我的形成似乎省略掉個

---

24 對於這個過程的分析，見 *Studien uber Autoritdt und Familie*, ed. Max Horkheimer (Paris: Felix Alcan, 1936); Max Horkheimer, *Eclipse of Reason* (New York: Oxford University Press, 1946)。

體化的階段：屬系元素直接變成社會元素，本能壓抑性組織化似乎是**群體集中性的**。同時，自我似乎被家庭之外的機構和成員所組成的整體系統過早社會化了。早在學齡前期的階段，結黨、收音機和電視，都已經安排好了順從和反抗的模式，偏離這個模式帶來的處罰是發生在家庭外部而非內部，且是對抗家庭的。大眾媒體中的專業人士傳播必要的價值，他們在教育、效率、意志、人格、夢想和浪漫關係方面給予大眾完美的養成，在這種培養教育中，家庭再也不能與之競爭。在世代與世代間的爭鬥當中，邊界似乎被挪動了：兒子理解了更多，他代表成熟的現實原則並對抗那過時的父輩，而父親，這個伊底帕斯情結中被攻擊的首要對象，後來成為相當不適合的攻擊目標，他在傳遞財富、技術和經驗的權威性大幅下降；他能給予的變少了，因此能夠禁止的也少了。父親在進步之後最不適合成為敵人，同時最不適合成為「理想」——他不再塑造孩子經濟、情緒和理智等未來，禁令仍持續存在，對本能的壓抑性仍固守成規，攻擊衝動亦然。那麼，誰又是攻擊衝動主要針對的那位父親替代品呢？

當統治後來結合成客觀的行政管理系統，引導超我發展成去人化的樣貌。在過去，超我是被指導者、主人和原則所「養育」而成的，這些表現在現實原則的具體人格中：殘酷又仁慈、無情又施予報酬，他們挑動反叛欲望又懲罰這種欲望；他們個人化的功能和責任是強迫服從，尊敬和害怕於是伴隨著憎恨，出現在被他們對待的人身上；他們提供滿足衝動和意識層面的努力所必須的生存目標給這些人。然而，這些個人的父親形象逐漸消失在機構背後。隨著生產機制的合理化，還有為數眾多的功能性，所有統治都採取了這種行政管理方式，發展到極致，經濟力量的集中性似乎轉變成為權威了：每一個人，甚至是菁英，在這種機制的運作和規則前都顯得毫無力量。統治通常由辦公單位實施，雇主和雇員皆被控制著，領導者不再表現個人化的功能。虐待狂首長、資本主義剝削者，他們都轉變成官僚制度下的領薪員工，他們所控制的成員也和其他官僚體系成員相互交流。個體的痛苦、挫敗和性無能都來源於高度生產性和高效功能性的系統，而這個系統正好帶給他們前所未有的更美好生活。負責他生活的組織欺騙了全部的人。「系統」、「機構」的總體決定、滿足和控制他的需求，攻擊衝動陷入一種空虛——或者是說，這種攻擊衝動所遇到的是笑臉迎人的同事，自顧不暇的競爭者，聽話的公家人員，幫了些忙的社會工作者，這些人都盡著勤務的本分，都是無辜的犧牲品。

於是，被退回的攻擊衝動又再度內攝：不只是壓抑，且是被罪惡感壓抑著，是因為什麼而感到罪惡呢？物質和知識方面的進步削弱了宗教的力量，使它不再能像從前一樣有效地解釋罪惡感，攻擊性轉而去抵抗自我，這恐怕就變得毫無意義了：在意識的協同作用下，個體的隱私被廢除了，他的情緒融入了服從性中，個體不再有足夠的「心理空間」發展與他自己罪惡感的**對抗性**，好讓他能和自己的良心共存，自我被壓縮到某個程度，本我、自我和超我彼此間多樣形式對抗的過程已無法在古典的形態上開展。

但罪惡仍在那裡；它似乎具有整體而非個人的性質——機構系統在處置時浪費與扣留物力和人力資源所帶來的痛苦，這是集體的罪惡，透過對生產力潛能真正合理的利用，這些資源的運用廣度可以依照人類所能達成的自由程度重新被決定。如果用這種標準去衡量，那麼似乎，在工業文明的主軸上，人類無論文化或身體方面都處在身心貧乏狀態中。大多數陳腔濫調（義大利文 cliche's）的社會學將這個過程解釋為現代大眾文化的去人化，這是正確的，但它們似乎朝向了錯誤的方向。真正倒退的不是機械化和標準化，而是對它們的牽制衰弱了，並不是普世的協調性倒退了，而是在虛偽的解放、選擇和個人化背後，它們不再隱晦。在具體的社會學意義上，大型財團在高標準的生存統治方面具有**約束性**：個體購買的物品和服務，控制了他們的需求並僵化了他們的官能，在交換商品來使生活富裕的同時，個體不只出賣了勞力，也出賣了時間。更美好的生活被無孔不入的控制所抵銷，人們居住在集中化的公寓裡——然後，擁有再也無法逃到其他世界的私人汽車，他們擁有巨大的冰箱裝滿冷凍食品，他們擁有許多報章雜誌，上面都擁護著相同的概念。他們擁有無數的選擇，無數精緻的小玩意兒，這些東西都是同類型的，也都讓他們忙碌，並從真實的議題上分心——所謂真實議題，指的是既能工作得少一點又能同時決定他們自身的需求和滿足。

今日的意識形態來自於生產和消費再生出統治並為其辯護，但這種意識形態特徵並沒有改變生產消費形態所帶來好處這項事實。對全體的壓抑來自於高度的效率：它擴大了物質文化的範圍，促進生活必需品的採購，讓舒適與奢華享受更便宜，將工業軌道劃入更大的範圍中。與此同時，支持苦役與破壞。個體犧牲了時間、意識和夢想換取這一切，而文明犧牲了它對全體的解放、正義與和平的承諾。

潛在的解放與實際上的壓抑之間的差異變得明顯了，它滲透進生活和世界的所有領域，進步的合理性加強了它組織化和方向的不合理，社會凝聚和行政力量充沛，能夠保護全體不受直接攻擊的威脅，但卻不足以減少攻擊性的累積。它轉向抵抗不屬於整體的人，這些人的存在對整體本身就是一種否定，這些敵人以魔王和敵基督的樣貌出現，它在任何時候存在於任何地方，它代表隱晦和邪惡的力量，而它的無所不在地喚起全面的戒備，戰爭與和平、平民與軍人、真相和宣導之間的界線被去除了，回歸到那個已經過去很久的歷史階段，且這次的回歸重新喚起了全國性和世界規模的「施—受虐」階段，但是這個階段的衝動激發了新的「文明」行為：於是，沒有被昇華的實際行動就成為對社會「有用處的」活動，集中營和勞改營、殖民與內戰、懲罰性的討伐，諸如此類。

在這種情況下，現階段的文明是否較先前更具破壞性，這個問題似乎沒有非常合適。在任何情況下，指出盛行的破壞性同時具歷史性這件事，也無法避開這個問題，現在這個階段的破壞性，只有按照它自身潛力，而非以過去階段去評估，才顯得有意義。戰爭是由職業軍人在有限空間中發起的，或是對抗全人類的全球化規模；世人免受苦難的科技發明是用來克服苦難或創造苦難的；數千人在戰爭中被殺害或數百萬人在醫師與工程師的幫助下被科學化地消滅；流亡的人能在邊境找到避難所或是在全世界都被追捕；人們是原本就無知或是透過每天吸收資訊和娛樂**刻意造就**的無知，這些都不只是數量上的差別而已，恐怖與正常、破壞與建設都輕鬆自如地互相同化了，進步仍然持續著，並繼續窄化基本壓抑。達到高度進步的時候，統治不但破壞了它的基礎，甚至腐蝕並廢除了與統治相抵抗的異端。理性的否定性仍舊存在，它促進了財富和權力，並且生成一種趨勢，操作原則的本能基礎逐漸枯萎了。

勞動幾乎全面異化了，裝配線的機械化，公家單位的作業常規，買賣的儀式化，都與人類潛能無關了，工作的人際關係成為了另一種更巨大關係的進一步延伸，那是把人類當作科學行為和效率專才才得以交換的物件。確實，競爭性在此之中仍然盛行，這是需要相當程度的個體化和自發性的，但這些特徵和他們從事的競爭一樣，都變得表淺且虛幻。個性僅僅只是字面上的意思而已，它是某種形式的特定表達[25]（例如：女騙子、家庭主婦、Ondine水精靈、健壯男子、職業婦女、奮鬥中的年輕夫婦）。競爭傾向縮小範圍，集中到那些事先安排好種類繁多的精緻產品上，包裝、調味品、顏料諸如此類的。在虛幻的表象之下，整體工作環境以及娛樂都是由生命和無生命的東西組成的系統——它們全都出自相同的管理控制，人類在世間的存在只是單純的東西、項目、物件，並沒有屬於自己行動的原則，這種僵化的狀態同樣影響到本能。本能的意志和修正，原本的動態現在變成了靜態了：自我、超我和本我之間的交互作用凍結成了自動化的反應，超我的實質也伴隨著自我的實質化，其表現在固著的特徵與

25 參見 Leo Lowenthal, "International Who's Who 1937", in *Studies in Philosophy and Social Science* (Formerly *Zuitschrift für Sozial-forschung*), VIII (1939), 262ff; "Historical Perspectives of Popular Culture", in *America Journal of Sociology*, LV(1950), 323ff。

態度上，這是在適當的場合和時間中產生的。意識越來越不需要自治，只需要縮小任務範圍、協調個人和整體就可以了。

這種協調讓整個屬系的不快樂有效地減少了，我們在之前章節提過，透過意識層次的操縱約束，個體對現行壓抑的注意力就模糊了。這個過程改變了快樂的內容，快樂的概念意味著不只是詩人的，也不只是主觀的[26]。快樂並不只是滿足的感覺，而是真實的自由和滿足，快樂涉及了知識：這是**理性動物**的特權，但隨著意識的衰退、對訊息的控制，將個體吸納進大眾社群中，知識被控管且局限化了，個體並不清楚發生了什麼事，教育和娛樂過度介入的機制，使得個體與其他所有人相互結合，共同進入一種將不利的想法都被排除掉的麻木狀態。而且因為全體真相的知識很難有利於快樂，這種屬系的麻木就能帶給個體快樂。如果說，焦慮並不只是一般性的萎靡不振，如果它是一種生存的狀態，那麼，所謂的「焦慮的年代」其顯著程度就是代表著未被顯現出來的焦慮。

這個傾向似乎說明了一個人建立他自己的意志所需付出的能量和努力大幅減少了，**個人和他的文化之間生命聯繫鬆動了**，這個文化對個體而言曾經是生成並更新主

26 Herbert Marcuse, "Zur Kritik des Hedonismus", in *Zeitschrift für Sozialforschung*, VII (1938), 55ff。

流價值與機構的意志系統。現在，現實原則的壓抑力量似乎不再被壓抑性個體更新和復原了。當個體成為自己生命的代理人或犧牲品的作用力越小，現實原則透過「創造性的」認同作用與昇華而強化的可能性就越少，而這種認同與昇華豐富同時保護了文化日常，集體和集體的概念、哲學、藝術和文學作品仍然不妥協地展現人類的恐懼和希望、抵抗著主流價值：它們是主流價值的絕對譴責。

日益增加的異化在正向觀點上表現出前進性，維持操作原則的人類力量逐漸變得可有可無，必需品和奢侈品、勞動和娛樂的自動化，排除了個人領域潛力的實現性。它將原欲的貫注擊退，匱乏的意識形態、苦役生產力的意識形態、統治和放棄滿足，在本能基底和理性基底上都被排除了。異化的理論指出人類無法在其勞動中認識他自己這個事實，他的生命變成了勞動的工具，他的工作和產品意味著並不依賴他（作為個人的）另一個形式和力量。但在這個狀態下，解放似乎是人需要的，並不是透過阻止異化而是透過異化的完善；並不是重現壓抑和創造性的人格，而是消除它們。將人類潛能從（異化的）世界中消除，就創造了消除人類潛能世界勞動的前提條件。

第五章
哲學插曲

佛洛伊德的文明理論是從他的心理學理論產生的，他對歷史過程的內省能力是從將個體作為歷史中生命實體的心理機制加以分析並衍生出來的，這個方法穿透並進入意識形態的保護殼中。他看待文化機構的角度是依據個體依照機構的何種運作而塑造出來的。但似乎，心理學方法在關鍵的點上失敗了：「原本在背後」的歷史發展跳過個體跑到前面，歷史過程的規律已支配了具體的機構而非個人[1]。我們為對這個批判性提出反駁，已表明了在佛洛伊德心理學的心理機制方面，個人仍是屬系的、現在仍是過去的，佛洛伊德理論說明生物學的去個體化是在社會學個體化之下，前者仍屬於快樂原則和涅槃原則，後者則是現實原則。藉由這種屬系概念，佛洛伊德的個人心理學**本身就是**屬系心理學，而且他的屬系心理學指出本能的變遷應該要當作歷史變遷來看：在愛欲和死亡本能彼此不間斷的相互鬥爭之間，在文化的建設和破壞方面，在壓抑與重回壓抑方面，不斷重複的動力被人類發展的歷史層層釋放並組織起來。

然而，佛洛伊德元心理學的涵義甚至超越社會學的框架，主要的本能是生命本能和死亡本能，也就是說，對有機物本身是如此，而且這兩種本能把有機物向後與無機

1 Theodor W. Adorno, "Psychoanalyse and Soziologie", in *Sociologia* (Frankfurt: Europaishe Verlagsantalt, 1955). Frankfurter Beiträge zur Soziologie, Vol. I。

物相連，向前與更高的心理表現相連。換言之，佛洛伊德的理論包含了對某種存在原則的模式結構假設：包含了**本體論**意涵，這個章節試圖說明這些意涵不只是形式上的——它屬於西方哲學基本脈絡的一部分。

依照佛洛伊德的說法，文明始於對主要本能有條不紊的抑制，可以區分成兩種主要的本能組織化。一、對性慾的抑制，這帶來了穩定且擴展的群體關係。二、對破壞本能的抑制，這導引出對人和自然的征服，也導引出個人和社會的道德。當這兩種力量合併時將前所未有地有效支持著生命往更大群體擴展，愛欲就贏過了它的對手：社會利用迫使死亡本能服務於生命本能，但正是文明的進步增加了昇華的範圍和控制侵略的範圍，在這兩種狀況，愛欲弱化並釋放了破壞性，這意味著進步仍然屬於本能結構中的一種倒退趨勢（追根究柢，是屬於死亡本能的），文明的發展被一種（雖然是壓抑性的）獲得最終的滿足才得以安息的固執衝動所抵抗著，統治，以及增強的權利和生產力，用一種超過理智需求的破壞性而持續進行著。相比起來，對解放的追求和對涅槃的追求顯得遜色了。

精神分析經常出現一種陰暗的假說，就是透過社會利用衝動所造就的文化，是根據涅槃原則所成立的。奧托・蘭克（Otto Rank）在 *Trauma of birth* 一書的主張中得到結論，就是文化建立在一個史無前例巨大規模的「保護殼」中，這是子宮內階段的再造：

> 任何一種文明與科技知識持續努力增加的舒適感，都只是試圖用持久耐用的替代品取代那個離我們越來越遠的原始目標[2]。

薩德·費倫齊（Sándor Ferenczi）的理論，特別是他的「非生殖的」原欲概念[3]傾向相同的結論。還有蓋佐·羅赫伊姆（Géza Róheim）考慮了「目標喪失，陷入黑暗中」的危險性，可視為文化發展其中一個重要的本能動力[4]。

涅槃原則在文明中持續具有力量，它呈現了建置文化的力量、強加約束愛欲的範圍。愛欲在與死亡本能的抵抗掙扎中創造出文化，它努力在更大且更豐富的範圍中保有存在，為的是滿足生命本能，保護生命本能免於無法履行、被廢止的威脅。正是愛

2 *The Trauma of Birth* (New York: Harcourt, Brace, 1929), p.99。另參見 p.103。

3 參見本書第十章。

4 *The Origin and Function of Culture* (New York: Nervous and Mental Disease Monograph No. 69, 1943), p.77。

欲的**失敗**，它無法在生活中實現，於是就強化了死亡本能的價值，倒退的多樣化形式無意識地對文明的缺陷展開抗議與抵制，抵制那個勝過快樂的苦役、勝過滿足的操作，一種有機體無意識的內在傾向抵抗著支配文明的原則，並堅持從異化狀態折返回來。死亡本能的衍生物，加入了愛欲這個神經質和反常的表現，一起進行革命。佛洛伊德的文明理論一再指出了這種逆勢的存在，在既有文化層面上這股逆勢表現出破壞性，但真正具有破壞性的是它們努力想銷　的壓抑。它們的目的不只是抵抗現實原則而成為非存在的狀態，更是為了超越現實原則，成為另一種模式的存在。它們表現出現實原則有效性和必要性的限制這個歷史特點。

在這個觀點上，佛洛伊德元心理學與西方哲學的主流相遇了。

當西方文明的理性開始結出豐碩的果實時，它逐漸意識到它本身的心理意義。承受著人類和自然環境理性轉換的自我，是以一種攻擊性為主的進擊主體揭示它自己。這個主體的思想和行為是為征服目標物而設計的，這是由一個主體**抵抗**另一個客體，這種先驗的敵對經驗決定了自我的**我思**和**我做**。自然（自我本身以及它的外部世界）「給予」自我某些必須爭奪、征服和甚至施暴的東西——例如自我保存和自我建設的前提條件。

這種爭奪始於內在永恆地征服個體「低階」官能，即感官和口腹之欲的官能。對它們的征服，至少從柏拉圖開始，就被認為是人類理性的組成元素，因此理性的功能是壓抑性的，這個爭奪在征服外在自然時達到最高點，那必然是持續的攻擊、遏止和剝削，為了屈就人類的需要，自我是以「挑釁[5]」、以「投射[6]」經驗其存在。它將每一個存在條件經驗成一種必須被超越和轉換成另外一種的限制。早在任何需要這種態度的狀況發生之前，自我就已經成為主導行為和生產力的前提條件。馬克斯．舍勒（Max Scheler）指出「意識與無意識的衝動意志，征服自然是**第一步**（拉丁文 Primum movens）」，它在結構上先於科學和科技，它是一種「前邏輯和非邏輯」的前提[7]，自然是受統治支配的有機體的**先驗**經驗，因而被視為受主導控制的[8]。結果，與自然的鬥爭就變成一種先驗的力量和挑釁，它是要克服限制的。在這樣的工作態度下，客觀世界的圖像就呈現出「**攻擊**點的象徵」，其活動就呈現出統治的樣貌，於是現實本

5 Gaston Bachelard, *L'Eau et les Reves* (Paris: Jose Corti, 1942), p.214。
6 J. P. Sartre, *L'Etre et le Neant* (Paris: Gallimart, 1946), passim。
7 *Die Wissensformen und die Gesellschaft* (Leipzig, 1926), pp.234-235。
8 同前註，pp.298-299. Scheler refers to "herrschaftswilliges Lebewesen"。

身就變成「阻力」了[9]。舍勒稱這個思想模式為「面向統治和成就的認識」，且在其中看見一種特定的認識模式，主導現代文明的發展[10]。它不僅塑造統治前自我的概念、思考和行動的主體性，甚至塑造它的目標世界——也就是存在本身的觀念。

希臘概念中的 Logos 作為存在的本質，無論原本意思是什麼，打從亞里斯多德所說的邏輯被認可為經典以來，這個詞就與命令、劃分、主導理性等概念合併在一起了。而且這個理性的概念逐漸與那些感受而非生產的、傾向滿足而非超越的——也就是堅守快樂原則的官能和態度相互抵觸。它們呈現出不合理性和非理性，必須被征服和遏制以服務進步的理性。理性透過前所未有的有效轉型自然、開發自然，保證了人類潛能的實現。但在此過程的最後似乎倒退了：屈服於異化勞動的那些時間也將個人的時間納入了——並且自己決定個人的需求，Logos 表現出統治的邏輯，當邏輯於是將思想的整體性縮減為符號和象徵的時候，思想規則終於變成了計算和操作的技術了。

但統治的邏輯並非所向無敵的，概括主體和客體相互對立的哲學，同時也保留了它們的相互妥協性質。主體不停歇的勞動，最終造成了主客體的統一，「自在自為」

9 同前註，pp.459, 461。
10 *Die Formen des Wissens und die Building* (Bonn, 1925), p.33。Scheler 原句為 Herrschafts- und Leistungswissen。

（being-in-and-for-itself）的理想存在在他自己的滿足中。滿足的 Logos 與異化的 Logos 相抵觸，而對兩者的和諧所作的努力，賦予西方形上學以生命力，它在亞里斯多德存在的等級區分方面，獲得了經典的陳述，也就是在**努斯神**（希臘文 nous theos）達到高峰，祂的存在不再被決定，且被除了祂自身的所有事物定義，祂全然屬於祂自己，無論在任何狀態與條件下。發生中的上升曲線完成了一個自己轉動的圓圈，而過去、現在、未來依附於其上。根據亞里士多德的看法，這種存在的形式是神特有的，然後思想的運作，特別是純粹的思考，則是唯一與祂「近似」的經驗，否則在經驗的世界中是沒有這種滿足，而只有嚮往罷了。「很像愛欲的東西」將這個世界和其自在目的（end-in-itself）的連結。亞里士多德的概念並非宗教性的，努斯如同祂曾經是宇宙的一部分那樣，並非創造者或支配者，也不是救世主，而是一種存在的形式，一切潛力皆已實現，所有存在的「投射」都已完成。

亞里斯多德經歷了之後的變換，其概念仍存活下來了，在理性時代的最後，透過黑格爾（Hegel），西方思想作了最後且最大的努力，證明支配世界這些劃分和原則的有效性。它們再一次用**努斯**去作結論，又一次，把實現降級為絕對理想和絕對認識；又一次，圓圈的運作終止了超越破壞和生產的痛苦過程。現在這個圓圈包含了整體：所有的異化都被合理化了，並同時在全球性的理性迴圈中被取消了，這個理性迴圈即是世界。但現在哲學掌握了具體的歷史基礎，這個基礎豎立起理性的高樓。

《精神現象學》（*Phenomenology of the Spirit*）將理性的結構開展為統治的結構，並且進一步當作對統治的克服。理性是透過人類自我意識的建立而建立的，人類征服了自然和歷史世界並將其變成自我實現的材料。當純粹的意識碰觸到了自我意識的這個階段，它會以**自我**來認識自己，而自我就是最初的**欲望**：它唯有透過在他人那裡或由他人來滿足自己，才得以意識到自己，然後這種滿足涉及了對他人的「否定」，自我必須透過真正的「為己存在」（being-for-itself）去抵銷所有「他者」（otherness），才能證明它自己[11]。這是一種個體觀，必須不斷地樹立並確認它自身才能成為「真實的存在」，它將世界視為它的「否定性」並起身對抗，同時將世界視為對自由的**拒斥**，所以它就只能透過不停戰勝和測試與之競爭的惡或人，來確立存在，自我必須自由，但如果世界擁有消極否定的特徵，那麼自我的自由就依賴「承認」和「確定」作為主導——而且這種承認只能有另一個自我、另一個自我意識的主體所提供。對象是沒有

11　這裡和接下來的內容是根據 *Phenomenology* 一書（B, IV, A）。

生命的；克服對象帶來的限制也無法滿足自我測試它自己的力量，「自我意識只有在另一個自我意識中才能達到滿足」。對客體世界的攻擊性態度、對自然的統治，因而最後目標放在人對人的統治，這是對另一個主體的攻擊性，因為自我滿足的條件是建立在與其他自我的「否定關係上」：

> 兩個自我意識的關係以這種方式組成，它們透過一場生與死的掙扎證明自己和他人……而且它只能賭上生命才能獲得自由……[12]

自由涉及了生命的危險，並非是因為它涉及了奴役的解放，而是因為人類的自由恰恰是取決於和他人彼此之間的否定性關係。且由於這個否定性的關係影響生命整體，自由就只能以生命危險相賭才能得到「檢驗」。死亡和焦慮，「並不是作為在某一特定時間對某一特定因素的懼怕，而是作為對一個人的整體存在的懼怕」[13]，它們是人類自由**和**滿足的重要條件。自我意識否定性的關係結構，導致了主僕關係、統

12 *The Philosophy of Hegel*, ed, Garl J, Friedrich (New York: Modern Library, 1953), p.402。
13 同前註，p.407。

治與奴役關係，這種關係是自我意識的特定性質的結果，以及對他物和他人的特定態度的結果。

但是，如果西方文明不過就是統治的邏輯發展，那麼精神現象學就不會是自我解釋而已。《精神現象學》克服了被相互抵抗關係所驅動的那種自由模式。真正的自由模式並非不斷地進行征服行動，而是在清晰的認識和滿足存在時，從無盡的征服中解脫。在《精神現象學》一書末尾的本體論氛圍恰好與普羅米修斯的原動力相反：

> 精神的創傷毫無疤痕地癒合了；它們的作為不再是持久不變的；精神把它找回來，於是特殊性（個體性）就存在它之內……即刻就消失了[14]。

相互的認識和確立仍然是自由在現實中的測試，然而如今原諒與和解成為其中的條件：

---

14 “Die Wunden des Geistes heilen. Ohne dass Narben bleiben; die Tat ist nicht das Unvergä ngliche, sondern wird von dem Geiste in sich zuruckgenommen, und die Seite der Einzelheit...ist das unmittelbar Vershwindende”, *The Phenomenology of Mind*, transl. J.B. Baillie (London: Sven Sonnenschein, 1910), II, 679（有作翻譯修正）。

對和解的保證即是（客觀地）存在的精神，它在其對立面把握了對它自身純粹的認識，這種認識是通過普世本質存在的……一種絕對精神（Absolute Spirit）的相互認識[15]。

這些陳述在黑格爾的分析中出現於決定性的位置，這是精神表現的分析，觸及了「精神自我意識」的位置——意即自在自為的位置。在這裡，「與他人否定性的關係」最終在精神的存在呈現為**努斯**時，接受性變成生產性，活動於是就完成了。在*Encyclopedia*一書中，黑格爾介紹他自己的系統最後結束在「享受」（enjoy）一詞，西方文明哲學的高峰在於一個概念，就是真理在於對支配這個文明的否定性。否定句有兩面意義，自由只在理想中存在，而無止境的投射和超越存在的生產性在持續的自我意識接受性中安穩地結出碩果。

《精神現象學》貫穿保留了本體論內容和歷史性內容之間的張力：精神的表現方式**即是**西方文明的主要階段，但這些歷史性的表現方式仍舊受到否定性的影響；精神

15 "Das Wort der Vers ö hnung ist der daseiende Geist, der das reine Wissen seiner selbst als allgemeines Wesen in seinem Gegeteile… anschaunt, –ein gegenseitiges Anerkennen, welches der absolute Geist ist". 同前註，p.680（包含小部分的翻譯修正）。

僅在作為絕對認識的時候成為它自身，同時，那也是思想的真實形式和存在的真實形式。存在本質上就是理性的，但對黑格爾來說，理性的最高形式幾乎與主流的形式相反，主流是達到滿足或維持滿足的，是主客體明確的統一，無論是全世界或個人化的，那是動態而非靜止的統一性，所有的形式都是潛能上自由的自我外化（德文 Entäusserung）、放鬆並「享受」潛能。勞動的歷史在歷史中結束了。異化、超越和時間的流動都被取消了。精神「克服了世俗的形式；否定了時間[16]」。然而歷史的結束恢復了它的內容：完成對時間征服的那股力量是記憶（回憶），絕對知識，也就是精神能達到的真理，是精神「進入了它的真我當中，藉此放棄（外在的）存在，並且，將完形（Gestalt）交付予記憶[17]」。存在不再是朝向未來的痛苦超越，而是對過去和平的恢復，保留了一切的記憶，是「實體內在且事實上更高意義的形式[18]」。

事實上，記憶在這裡被作為重要的存在範疇，它是存在的最高形式，指涉了黑格爾哲學的內在傾向，黑格爾用一種週期性的發展替代了進步的概念，這種週期性的發

16 "...hebt seine Zeitform auf; tilgt die Zeit". 同前註，p.821。

17 "...sein Insichgengen, in welchem er sein Dasein verlässt und seine Gastalt der Erinnerung übergibt". 同前註。英文無法將德文 Er-innerung 翻譯成一個單字，它的意思是「回到他自身」，從外化的狀態返回。

18 "...das Innere und die in der Tat höhere Form der Substanz"。

展在生產和完整方面是動態的**存在**、自給自足的，這個發展預設了人類的整體歷史（他的主觀和客觀世界）以及對歷史的領悟——這也就是他過去的記憶，過去被保留到現在；這正是精神的生命；已經存在的東西決定著現在存在的東西。自由意味著和解——也就是對過往的贖回。如果說，過去只是消逝且遺忘了，那麼破壞性的僭越將永無止盡。僭越的發展以任何方式都必須被拘禁，黑格爾認為「精神的創傷不留疤痕地癒合了」。他相信，在文明可達到的層次上，伴隨理性的勝利，自由將成為現實，但是卻沒有任何國家或社會體現了自由的最終形式，無論他們組織的多麼合理，他們仍然受不自由所苦，真正的自由只存在理想中，解放於是成為精神性的事件。黑格爾的辯證法仍然是被現實原則建立起來的框架。

西方哲學結束於它一開始的理想，在一開始和最後，理性與自由的最高形式——努斯、精神、靈魂（德文 Geist）呈現，在最後和最初，經驗的世界仍是否定性的，無論是精神實體和工具，或是它在地球上的代表性。實際上，既不是記憶也不是絕對知識能夠贖回過去或現在的存在，這個哲學仍舊證實了支配經驗世界的現實原則，甚至也證實了它的否定性。存在的完整性，並非一條上升的曲線，而是封閉的循環：從異化狀態**重新折返**。哲學只有在純粹的思想中才能構成這種狀態，在開始和結束之間，發展了以統治為邏輯的理性，即透過異化而達到的進展。壓抑性的解放在概念中和理想中獲得了提倡。

黑格爾之後，西方哲學的主流枯竭了，統治的 Logos 建立了它的系統並隨之進入尾聲：哲學以一種特殊（但並不非常重要的）功能在學術建設下存活下來。新的思想原則在這個建設之外發展，它們具新穎的性質，且為不同形式的理性服務，也為不同現實原則服務。以形上學的語詞來說，這種變化透過存在本質的事實來表現，已經不再被想成 Logos，以及，隨著發生在存在基本經驗中的這種改變，統治的邏輯也被挑戰了。當叔本華（Schopenhauer）將這種存在的本質定義為意志（will），它呈現出貪得無厭的索求和攻擊的推進力，這是不惜一切代價也要恢復的。對叔本華而言，它們只有在絕對否定的狀態才能被恢復；意志本身到最後必須被結束，然而涅槃的理想卻包含了肯定性：最後應該是完整、滿足的。涅槃是快樂原則的形象，正如它如此呈現，在理查・華格納（Richard Wagner）的音樂劇中仍然是壓抑的形式：這種壓抑性是因為（就像在任何善的神學和道德中那樣）完整性在這裡倚賴著對世俗快樂的犧牲，**個人原則**本身說來也有錯——完整性只有在超越其領域才能實現；最無節制的《愛之死》（*Liebestod*）仍歡慶那最無節制的克制。

只有尼采（Nietzsche）哲學超越了本體論傳統，他對 Logos 的控訴，是將其視為壓抑及扭曲了權力意志（will-to-power），但它太過模糊以至於在理解上有所障礙。首先，這種控訴本身就是模糊的，以歷史的角度而言，統治的 Logos 是釋放而非壓抑權力意志的，具有壓抑性的是這種意志的方向（direction）——以生產為導向的克制塑造人們成為他勞動的努力，以及他自身欲望滿足的敵人，而且，權力意志並不是尼采的最終定論：「意志——就是解放者和帶來歡樂的使者：所以我早就告訴你了，我的朋友！但如今這同時教會我們，意志本身仍是個囚犯[19]。」意識仍是囚犯，這是因為它沒有能克服時間的權利，過去並不只是仍舊非解放性的，甚至，非解放性繼續損害著所有的解放。除非征服生命的時間力量瓦解了，不然自由是不會存在的，事實上時間並不會「回頭」，這讓罪疚感創傷更加惡化：它孕育了復仇和懲罰需要，這反過來延續了過往，也延續了對死亡的厭惡。隨著基督教道德的勝利，生命本能變得反常且具壓迫性了；罪疚感連結到了一種「抵抗神的罪惡」，在人類本能中被注入了「對

19 *Thus Spake Zarathustra*, PART II (“On Redemption”) in *The Portable Niezsche*, transl. Walter Kaufman (New York: Viking Press,1954), p.251（此處以及接下來的翻譯有部分修正）。

抗『主人』、『父親』這些古老祖先和世界起源的敵意、叛變、暴動[20]」。壓抑和剝奪於是得到了合法性和肯定；壓抑和剝奪被塑造成決定人類存在的控制和攻擊力量，隨著它們的社會利用度增加，進步變成了必要的進步壓抑，在這個方向上，沒有其他選擇，且沒有精神和超越的自由能去補償文化的壓抑性基礎。「精神的創傷」即使完全癒合了，仍存在疤痕。過去引導了現在，生命則是死亡的供品：

如今精神上頭烏雲密布，直到最後狂人這樣佈道：「所有一切都逝去了，是故所有一切應將逝去！這正是正義本身，時間的律法必當吞噬其子：於是狂人這樣佈道[21]。

尼采揭示了建立西方哲學和道德基礎的巨大謬誤——意即，將事實轉變為本質，將歷史條件轉變為形而上條件。人類的怯懦和委靡、權力財富的不均等，將不公平和受苦歸因於某些超越性的罪與罰；反叛變成了原罪，是對神的不服從；且對滿足欲望

20 *The Genealogy of Morals*, Section II:22。
21 *Thus Spake Zarathustra* , p.25。

所作的努力就變成了貪婪，而且，這一系列的謬誤在時間被崇高化時達到了高峰：因為所有經驗世界中的一切都會消逝，人類在其絕對本質中是一個有限的存在，而死亡則是生命的絕對本質。唯有更高的價值才是不朽的，於是才是真正實在的，例如人類的內在、信念和愛，它們無所求也無所欲。尼采試圖揭露這些生生之流的歷史根源，以闡明其雙面的功能：為了和平、補償還有為世界的底層辯護，以及去保護那些導致底層存在的人，人類的成就滾雪球似地壓抑性成長並且隱藏了主人與奴隸，也隱藏了統治者和被統治者，這使得西方哲學提升到了更高層次的效率階段，然而，效率的提升涉及了對生命本能威脅的提升——也就是人類的退化。

尼采的批判性不同於所有學院的社會心理學，在於他採取的立場：尼采抵抗西方文明中現實原則的根本基礎所敘述的，理性的傳統形式被拒絕了，他站在以其自身為目的，也就是歡愉（情慾）和享樂的經驗基礎上。這個立場發動了與時間對抗的鬥爭：對存在施行的獨裁變化必須被打破，人類將為其自身所真正擁有的世界而甦醒過來，只要人有未被理解和未被征服的時間之流——無意義的失落，「曾經歷過」但不再重現的痛苦——存在就包含了破壞的種子，能將善轉變成惡，反之亦然。人只有克服了超越性才能成為他自身——當永恆成為當下此處及此刻，尼采觀點最後形成了封閉的圓——不是往前進步的，而是「永劫回歸」（eternal return）。

> 所有一切逝去了，所有一切再度回歸；永恆的轉動著那存在之輪，所有一切死亡，而所有一切再度綻放，永恆是存在的歲月，所有一切都破碎了，而所有一切再度會合；存在的屋子永恆地重建它自身，所有一切分離，所有一切又再度向他人敞開雙臂；存在之圓永恆地守候它自身，在每一個此刻，存在開始了，圍繞著每一個此處，彼處即轉動者。中心點無處不在，永恆之渠道是彎曲的[22]。

這種封閉的圓圈曾出現過：在亞里斯多德和黑格爾那裡，是作為以其自身為目的的象徵，但是當亞里斯多德將這種圓圈留給**努斯**，當黑格爾將其定義為絕對理念時，尼采準確地將其作為有限之物的永劫回歸——在其自身的具體性和有限性當中，這是對生命本能全然的保證，擊退了所有逃避和否定性，永劫回歸是一種**愛欲**對存在態度的意志和視角，它是必然性和實現性的合一：

22 同前註，Part III ("The Convalescent "), pp.329-330。

必然性的庇護啊！
存在最高峰的恆星啊！
任何願望都無法企及，
任何否定都無法染汙，
是存在永恆的肯定，
我對您的肯定是永恆的，
那是因為我愛您，永恆！[23]

永恆，打從異化存在最後的安慰以來，由於沉浸在一個先驗的世界中，已經被塑造成壓抑的工具，一種對現實痛苦的不現實償報。而在這裡，為了這個美妙的世界重生，作為孩子，作為百合和玫瑰，作為山和湖上的太陽，作為愛人者與被愛之人，作為他們對生命之恐懼，作為痛與快樂這種種的永劫回歸。而死亡**仍在**，它只有伴隨在所有事物真正重生時才被克服，這所有事物是在這個世界的死亡之前——不僅僅是重

23 *"Ruhm und Ewigkeit"*, in *Werke* (Leipzig: Alfred Kroner, 1919), VIII, 436（我自行翻譯）。

複而是作為意志與想望的再生，永劫回歸於是包含了痛苦的回歸，但這種痛苦是作為更加滿足的意義，也是強化快樂的意義[24]。疼痛的恐懼來自於「懦弱的本能」，來自於痛苦壓垮一切並成為最後且致命的，痛苦是能被肯定的，只要人類的「力量足夠強悍[25]」，使得痛苦的刺激是正向的——成為快樂之鍊上的連結，永劫回歸的學說包含了快樂想望永恆中心主張的所有意涵——想望著它自身並且所有一切都將永存。

尼采的哲學包含充足的恐怖過往元素：他為痛苦和力量的歡呼延續了道德的特徵，但這正是他努力想克服的。然而，新的現實原則形象打破了壓抑的前後關係並且預料了對古老傳統的解放，「世界早已成為了瘋人院[26]」！對尼采而言，這種解放依賴與罪惡感的倒轉；人類必須否定而非肯定生命本能；接受而非反叛壓抑性的理想，去與罪疚感結合起來[27]。

我們已經暗示了西方哲學建立的幾個癥結點，這幾點揭示出理性化系統歷史性的限制——以及超越此系統的努力，這種費力掙扎呈現在生生之流與存在之間；在上升

---

24 同前註，XIV, 301。
25 同前註，p.295。
26 *The Genealogy of Morals*, Section II, 22。
27 同前註，24。

的曲線與封閉的圓圈之間；在進步與永劫回歸之間，在超驗與滿足於現實之間[28]。這是統治的邏輯與滿足的意志兩者之間的鬥爭，它們都決斷定義了現實原則，傳統的本體論被挑戰：存在的概念被抵抗，是依據Logos將存在的概念發展為非邏輯的語詞：意志和快樂，這種反趨勢致力於建立它自己的Logos：也就是滿足的邏輯。

佛洛伊德理論在最終極的立場上也參與了這種哲學性的動態，他的元心理學，試圖定義存在的本質，以愛欲定義之——與他傳統上用Logos定義相反，死亡本能確立的非存在的原則（對存在的否定）和愛欲（存在的原則）是相互抵觸的。在佛洛伊德概念中，兩種原則的相互融合，回應了存在與非存在的傳統形而上學的融合。的確，佛洛伊德的愛欲概念僅用有機生命為參考，然而，無機物作為死亡本能的「終點」，是如此天然地與有機物連結（如前述所意味的），他的概念似乎被允許給出一般性本體論的意義。存在本質上是致力於快樂的，這種努力成為了人類生存中的「目的」：愛欲衝動將生命物質連接成更大更牢固的單位，這是文明的本能根源，性慾本能就是

28　這裡所概述的時間倆倆相互對抗概念，是Mircea Elide在他著作*The Myth of the Eternal Return*中所討論的（London: Routledge and Kegan Paul, 1955）。他比較「圓」的時間相對於「線性」時間主張，前者是「傳統」（原始主要的）文明的特徵，後者則是「現代人」的特徵。

生命本能：那是保留並豐富生命的衝動。匱乏，是滿足生命本能時經驗到的負擔，生命本能要的是快樂，而非安全保障，且「生存的掙扎」原本是對快樂的掙扎。文化是從集體執行這個目標所展開的，然而，後來，生存的掙扎在統治的利益上被組織起來了，文化的愛欲基礎就改變了，當哲學將存在的本質設想成 Logos，它已經是統治的 Logos 了——那是像人類和自然發出命令、控制和指出理性方向的主體。

佛洛伊德根據愛欲解釋的存在性，恢復了早期的柏拉圖哲學，將文化設想為愛欲自由的自我發展，而非壓抑性的昇華。早在柏拉圖時代，這個概念就被認為是古老神話的遺跡，愛欲被吸納進 Logos，而 Logos 是征服本能的理性，本體論歷史反映出現實原則更加優勢地支配世界：愛欲的形上學主張涵蓋的洞見逐漸被隱藏起來，它們存活了下來，在扭曲的末世論中、在許多異教徒的活動中、在享樂主義的哲學中，它們的歷史仍持續撰寫——如同愛欲在神愛中的變遷史一般[29]。佛洛伊德自己的理論遵循一般的趨勢：在他的論述中，現實原則成為主流的合理性取代了愛欲的形上學思考。

現在，我們試圖恢復他形上學思考的所有內容。

29 Anders Nygren, *Agape and Eros* (Philadelphia: Westminster Press, 1953)。

第二部

超越現實原則

「人類的命運，有多少時間被用來浪費在決定來世的掙扎當中啊！越發現這種努力的熱切，人就越不了解現在生活的當下。這個可愛的世界，人認識並居住著，給予了人所有一切。根據傳教士與教主的說法，這是在人思想中最低等的。從出生那一刻起，人被建議和命令與這個世界告別。啊！我們已然完全濫用了這個美好的世界！若說它是我們的家，這並不是悲傷的事實。如果不是它給予我們簡單的庇護、簡單的衣服、簡單的食物，還加上百合和玫瑰，蘋果和桃子，它將會是凡人和不凡之人適合居住之地。」

——肖恩．奧凱西 Seán O'Casey

《日落與夜星》*Sunset and Evening Star*

第六章 既有現實原則的歷史限制

先前的分析試圖闡明文明中本能結構特定的基礎傾向，並特別闡明支配西方文明發展的現實原則。我們將這種現實原則定義為操作原則；且我們試圖揭示出現行社會勞動組織的統治與異化，這很大的程度上決定了現實原則對本能的要求，於是就引發了一個問題：是否應該理所當然地把操作原則持續性的規則視為現實原則（因此就能用相同的原則去看待文明的趨勢）？或是，操作原則可能創造了不同性質的、非壓抑性現實原則的前提條件？當我們將人類的精神分析理論對照基本歷史性趨勢時，這些問題就會產生：

一、操作原則運作下的文明進展已經達到了某種生產的水平，這種情況使得社會強加在異化勞動下的本能能量大幅減少，結果，對本能持續的壓抑性組織在「為生存而掙扎」的必要性，遠不及延長這種掙扎的利益——也就是統治的利益。

二、西方文明的代表性哲學發展出一種理性概念，這種概念包含了操作原則盛氣凌人的特性，然而，同樣的哲學結束在一種更高的理性形式，恰好是對這種特性的否定——意即，是接受性的、沉思的、享樂的。根據超驗和自我生產活動所定義的目標背後，存在著對自我救贖的想像：所有超驗性都將止於某種形式的存在，它吸收了所有的生生之流，它在所有他者中為其自身且憑藉自身而存在。

操作原則的歷史性特徵和限制所帶來的困難，在佛洛伊德理論裡至關重要。我們已經看見了他實際上將既有的現實原則（也就是操作原則）用現實原則自己去定義。結果，如果操作原則僅僅是一種現實原則的歷史形式，他的文明辯證法就失去了決斷性。而且，因為佛洛伊德同時將本能的歷史特徵定義為「天性」，操作原則的相對性甚至影響了他對愛欲和死欲之間本能動力的基本概念：兩者的關係會在不同的現實原則下而有所不同，結果，佛洛伊德的本能理論提供了強而有力的**批判**，批判現實原則具有相對性（歷史性特徵）的這個觀點。如果性慾是反社會與非社會的絕對本質，又如果破壞性是主要本能的表現，那麼非壓抑性的現實原則概念就只是空想。

佛洛伊德的本能理論指出了一個考究這個問題的必然方向，操作原則強加在性慾和破壞本能上是一種整合過的壓抑性組織。所以，如果歷史的過程傾向使得操作原則的機構過時了，那它也傾向使本能的組織化過時——也就是說，為了鬆綁對本能的約束和分散，必須憑藉操作原則。這意味著對額外壓抑的漸進式限制是真的可能的，強化的原欲能夠吸收或中和掉破壞性擴大的範圍，很顯然地，佛洛伊德的理論排除建立任何精神分析的烏托邦（Utopia）。如果我們接受他的理論並認定非壓抑性文明的概念是具有歷史意涵的，那就必定能從佛洛伊德理論推導出這樣的意涵。它的概念須被考究，看是否包含需要被重新詮釋的元素。這個方法必須與之前討論的社會學方法並行。當時，我們試圖從被創造出來的歷史條件中「讀出」操作原則的僵化性；現在，我們則試著從本能的歷史變遷中「讀出」它們非壓抑性發展的可能性。這個方法意味著，以快樂原則的名義去批判既有的現實原則——也就是重新去評估人類生存兩造之間盛行的相互抵抗性。

佛洛伊德認為兩種原則彼此本質上的衝突是不可避免的；然而細讀他的理論，會發現這種不可避免似乎開放討論。衝突，在文明中所呈現的形式，他認為是被盛行的匱乏、生活窘迫（德文 Lebensunot）、對生存的掙扎所造成並持續下來的（佛洛伊德晚期的本能理論並沒有取消這個愛欲與和死欲的觀點：生活窘迫如今呈現出有機體本身固有的需求和不足）。對生存的掙扎必須壓抑性的修正本能，主要是因為缺乏足夠的方法和資源，去完整的、無痛和不勞累地滿足本能所需。如果這是真的，本能為生存而掙扎所進行的壓抑性組織，就是由**外部**（希臘文 exogenous）因素造成的——外部的意思是並非是固有本能的「天性」，而是本能發展中出現的特定歷史條件。根據佛洛伊德的說法，這種區別毫無意義，因為本能本身就是「歷史性的」[1]，除了歷史結構之外，沒有任何本能結構。然而，這不能排除作此區分的必要性——除非必須在歷史結構本身之內才能討論。這種歷史結構分兩個層次：一、屬系發生—生物學層次，動物性人類與自然鬥爭的發展。二、社會學層次，文明中個體和群體彼此和其所屬環境鬥爭的發展。這兩個層次持續且密不可分地交互作用，但第二種層次深層的因素對第一種層次是外在的，因而具有不同的重要性和有效性（雖然，在發展的歷程中，它可能「下降」到第一種層次）：它具更大的相對性；它們能更快速的變化而不需威脅或倒退屬系的發展，本能修正本源上的這種差異是我們曾介紹的壓抑與額外壓抑區別的基礎[2]；額外壓抑起源並持續於社會層次上。

佛洛伊德對人類本能結構的歷史元素方面瞭若指掌。在將宗教作為特定歷史形式的「錯覺」去討論時，他的引述抵觸了他自己的觀點：「人類很少順從合理的論調，

1 *Beyond the Pleasure Principle* (New York: Liveright Publishing Corp., 1950), pp.47, 99。

2 見本書第二章。

他們如此徹底地被本能願望所統治，那為何需要拿掉他們本能滿足的意義並用合理的論調取代呢？」接著他自己回答道：「確實，人們就是這樣，但你們可曾問過自己他們是否需要這樣做？他們內心深處的天性必要這麼做嗎？[3]」然而，在佛洛伊德的理論本能中，他並沒有從這個歷史區分得到任何基本的結論，反而給予這兩種層次相同和一般的有效性，對他的元心理學而言，無論這種抑制是來自於匱乏或匱乏的**階級**分層、是來自於對生存的掙扎或統治的利益，這都不重要。而且確實這兩種因素——「屬系發生—生物學」和社會學——在被記載的文明歷史中是結伴而成長的，但是它們這種結伴早就變成「不自然」的，被現實原則壓迫性修正的快樂原則也是如此的。佛洛伊德持續否認快樂原則本質上解放的可能性，這意味著他假設匱乏和統治是一樣恆常不變的，但這個假設似乎是有問題的。藉由這種假設，外在的事實獲得了心理生活固有元素，甚至是主要本能固有的理論身分。有鑒於文明漫長的歷程，且有鑒於佛洛伊德本身對本能發展的解釋，這個假定是需要被質疑的。對本能發展逐漸解除控制的歷史可能性必須被認真看待，也許這甚至是歷史所**必要的**——文明正往更高度的自由發

3 *The Future of an Illusion* (New York: Liveright Publishing Corp., 1949), p.81。

展。

要從佛洛伊德理論推導出非壓抑性的文明假說，我們必須重新考究他對主要本能的概念，包括本能的目標和彼此之間的交互關係。在此概念中，主要是死亡本能，它似乎違抗任何非壓抑性文明的假設：這種本能的存在似乎就「自動地」產生出文明整體通識和控制機構的網絡；內在的破壞性必然產生永久持續的壓抑性。我們因此必須從佛洛伊德對死亡本能的分析開始重新考究。

我們已經看見，在佛洛伊德晚期的本能理論中，「有機體固有的強迫性會恢復早年生命實體曾在外在干擾下被迫放棄的事物[4]」。這對愛欲和死亡本能這兩種主要本能而言是很常見的。佛洛伊德將這種恢復的傾向視為有機生命的「慣性」表現，並且敢於訴說接下來的假設：當生命起源是無生命物體時，發展出一種強而有力的張力，使得初生的有機體努力想「退回」無生命的狀態[5]。在有機體生命早期，通往先前無機存在的路可能非常短暫，也很容易死亡；但逐漸受到「外在影響」而拉長了這條路的距離，或是有機體更久更複雜的「向死亡繞路而去」，這條路繞得越遠、越複雜，

4 *Beyond the Pleasure Principle*, p.47。

5 同前註，p.50。

有機體的差異就越大、能力也越強，最後用它來統治征服世界。本能仍然保有原本的目標——返回無機生命，也就是「死亡」物質。佛洛伊德恰好是在這裡發展出他影響深遠的假說，他反覆表示，外在因素決定了主要的本能發展：有機體在「**外在**干擾的壓力下」被迫放棄早年的事物；這種有機生命的現象必然「歸因於**外在**干擾和轉向的影響」；決定性的「**外在**影響改變了，迫使仍存活的物質與原本生命歷程偏離更遠[6]」，如果「有機體因為內在因素」而死亡[7]，那麼往死亡的繞道必然來自於外在因素。佛洛伊德認為這些因素必定是從「我們生存的地球以及它與太陽的關係史所尋得的[8]」。然而，動物性人類的發展並不局限在地質歷史中；人類在基本的自然史中，成為他自己歷史的主客體。如果說，最初生命本能和死亡本能實際上的差異很小，那麼動物性人類的歷史就自己演變成他歷史過程的根本特徵。

下下頁圖表描繪出佛洛伊德基本本能的動力結構。圖表描繪了從有機體生命之初（第二、三階段），經過兩個主要本能的行程階段（五），到它們修正發展成文明中人的類本能（六到七），轉折點在第三和第六階段，它們都由外在因素所造成。這些

6 同前註，pp.47, 49, 50 粗體為引述者所加。

7 同前註，p.50。

8 同前註，p.49。

因素藉著明確的形式，如同隨之而來的本能動力，形成「歷史性後天所造成的」。在第三階段，外部因素是由於有機生命的出生而產生的「未被釋放的張力」；是生命不夠「滿足」的「經驗」，它較前一階段更加痛苦，於是產生死亡本能，以透過倒退來釋放這種張力，死亡本能的作用於是出現在主要挫折的創傷中：需求和痛苦，是由地質──生物事件所造成的。

然而，另一個轉折點不再是地質──生物學方面的，它發生在文明的起點，外在因素在這裡指的是匱乏，有意識地為生存掙扎。它強加壓抑性的控制與性本能之上（首先是透過原始父親的殘忍暴力，接著透過機構化和內在化），同時將死亡本能轉變為社會實用的攻擊和道德。這種本能的組織化（事實上是一個漫長的過程）產生出勞動的文明分工、發展和「法律與命令」；但它也開啟了一連串的事件，導致愛欲的逐漸弱化，從而發展了攻擊性和罪惡感。我們已經看見這種發展並非生存掙扎中所「固有的」，而是只有在壓抑性的組織中才存在，且在現階段，對需求的征服讓這種掙扎更加不合理。

但是，在本能自身，難道沒有一種非社會性的力量，使得那些必要的壓抑性約束不考慮外在世界是匱乏或豐富？讓我們再一次回想佛洛伊德的說法，他認為本能的天

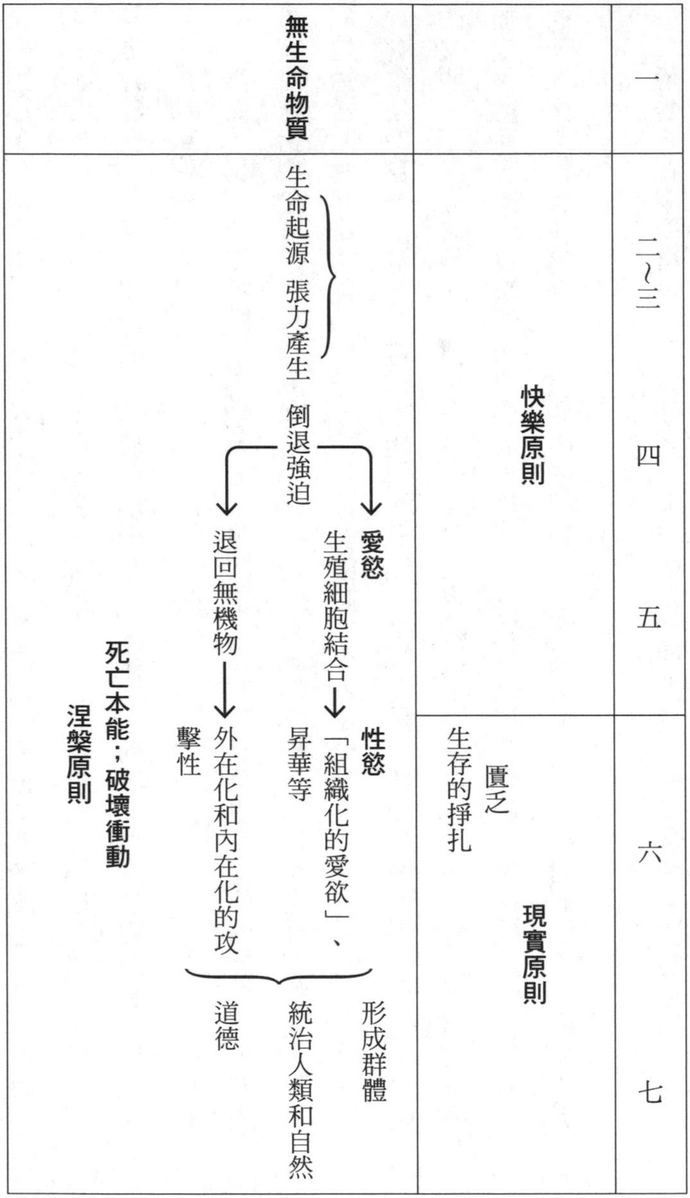
一
二～三
四
五
六
七
快樂原則
現實原則
匱乏
生存的掙扎
無生命物質
生命起源
張力產生
倒退強迫
愛慾
生殖細胞結合
性慾
「組織化的愛欲」、昇華等
形成群體
統治人類和自然
道德
退回無機物
外在化和內在化的攻擊性
死亡本能；破壞衝動
涅槃原則

性是「歷史後天造成的」，所以，當造成這種本能的基本條件改變時，這種天性是可調整的。確實，這些條件目前仍等同於對生存的掙扎，仍發生在匱乏與統治的框架當中，但基於消除它們的可能性來看，它們逐漸過時且「虛假造作」。**基礎**文明改變的程度可以透過文明開始和現階段之間的差異這個事實來說明（儘管保留了相同的**原則**），這種差異似乎遠大於文明開始與本能獲得「天性」的那個階段之間的差異。確實，文明條件的改變直接影響到的，只有已形成的人類本能（性和攻擊本能）。佛洛伊德所假設的，在這種生命物質的地質—生物學條件下，並沒有能被這樣想像的文化；生命的出生仍成為一種創傷，於是涅槃原則的統治似乎就不可動搖了。然而，死亡本能的衍生物只有與性本能融合時才得以運作；只要生命仍在發展，前者就持續從屬於後者；破壞性的命運（破壞本能的「能量」）依賴著原欲。結果，性慾發展時出現的質變，它必然改變死亡本能的表現。

於是，非壓抑性文明的假說要被理論化地證實，首先要透過示範成熟文明條件下的原欲非壓抑性發展可能性，而某種心理力量展現出這種發展的方向。佛洛伊德認為，這種心理力量在現實原則中保有自由，並能將這種自由轉入成熟意識的世界，對這種心理力量的重新考究必然是下一步。

第七章

幻想與烏托邦

在佛洛伊德理論中，與現實原則相對立的心理力量主要下降在無意識裡表現，以及在無意識作用。快樂原則「未經修正」的規則只有在最深層與最古老的無意識過程中獲得：它能提供無既定標準的非壓抑性心理結構，而佛洛伊德挑選出了幻想作為現實原則中獲得最高度自由的心理活動，甚至對於已發展的意識領域也是如此。我們回顧他在 *Two Principle of Mental Functioning* 中的描述：

> 隨著對現實原則的引入，有種思考—活動的模式分離出來了：它持續脫離現實的測試，並仍然只服從快樂原則，那就是**製造幻想**（fantasy-making，德文 das Phantasieren）的活動，這打從孩子的遊戲就開始了，隨後，以**白日夢**（day-dreaming）延續下去，放棄對現實物質的依賴[1]。

幻想在所有心理結構中扮演最重要的功能：它將無意識最深的層次與意識最高的產物（藝術）結合，將夢與現實連結；它保留屬系的古老原型，被個體群集的回憶壓

1 *Collected Papers* (London: Hogarth Press, 1950)，IV, 16-17。

抑卻仍持續存在的意念。佛洛伊德建立了一種雙重連結，一方面，連結「性本能與幻想」，另一方面，連結「自我的眾多本能和意識活動」。但這種二分法是站不住腳的，不只是因為他晚期本能理論的陳述（他放棄了自我本能獨立性），更是因為他將幻想併入藝術的（甚至是正常的）意識當中。然而，幻想和性本能之間的相似性對幻想功能仍至關重要。

將幻想（想像）視為具有獨立規則和真實價值，這件事在心理學和哲學中已不是新聞了；佛洛伊德原本的貢獻在於試圖揭示這種思考形式的發生以及它與快樂原則本質上的連結。現實原則的建立造成了心智的分化與肢解，這注定決定現實原則全部的發展。原本在快樂自我中統一的心理過程如今分裂了：它主要的流向被導入現實原則的領域並符合現實原則的要求。於是這個部分的心智有條件地獲得了解釋。操縱和改變現實的壟斷權——它支配記憶與遺忘，甚至決定現實之所是，以及該如何利用和改造。另一部分的心理機制持續脫離現實原則掌控——以失去主導權、變得無關緊要、不切實際為代價。然而自我本來是被**它擁有的整體心理能量**所引導和驅動的，如今卻只有被適應現實的那部分所引導。這個部分，也只有這個部分，將設立自我的目標、常模和價值，作為**理性**，它成為判斷、真理、合理性唯一的儲存庫；它決定有用與無用、善與惡[2]。在快樂自我被組織成現實自我時，**幻想**，作為一種分化的心理過程，被生成又同時被遺留在外，理性占了上風：它變得不快樂但有用且正確；幻想仍是快樂的，但變得無用、不真實——僅僅是一場遊戲和白日夢。如此，幻想訴說著快樂原則和語言、訴說著不被抑制的渴望和滿足。但現實仍繼續依照理性的規則，不再堅持夢想的話語。

然而，幻想（想像）獲得了被現實組織化更早以前、比成為「個體」並進一步抵抗其他個體更早之前的精神結構和傾向，且基於同樣的原因，正如同本我持續堅持的，想像保留了前歷史的過往「記憶」，那是個體生命等同於屬系生命的時候，呈現出在快樂原則統治下，普遍性和特別性立即統一的那種形象。相反地，那之後所有的人類歷史都表現出破壞原本統一的特性：作為「獨立有機體個體的潛力」和「作為整系列屬系其中一員的潛力」，兩種自我立場互相衝突[3]，屬系如今生存在有意識的、不斷更新的自我，以及自我與所屬世界的衝突中，操作原則之下的進步也是透過這些

2 理性在這裡並不等同於傳統心理學理論中的理性官能（智力）。這個詞在這裡被指為心智的一部分，這個部分來自於現實原則的控制，並且包含了「天性」、「敏感」和「渴求」等官能。

3 *A General Introduction to Psychoanalysis* (New York: Garden City Publishing Co., 1943), p.359。

衝突獲得的，這種現實原則所實施的**個體化原理**（principium individuation）導致對主要本能的壓抑性利用，這種利用以它自己的方式努力取消**個體化原理**。儘管它們能量所維持的進步導致了事與願違，但在這個努力下本能都被征服了。在與對抗**個體化原理**的這個世界抗衡時，想像持續支援著這個與屬系和「古老」過去所連結的個體。

佛洛伊德元心理學在這裡恢復了想像的權力，以獨立的心理過程作為基礎，幻想具有它自身的價值，回應了它自身的經驗，意即，抵抗人類現實的超越性。想像預示了個體與整體的和解、渴望和現實的和解、快樂和理性的和解。儘管這種和諧在現實原則的發展下，已經被改變成烏托邦（Utopia），幻想堅持那仍是必然且可以成真的。在幻覺背後的基礎是**知識**。想像的真理一開始是在幻想形成時被發現的，當它創造一個感知與理性的世界——它在**藝術**中發生，形成一個主體，同時也是客體的世界，對幻想認知功能的分析於是產生出作為「美的科學」的美學：美學背後的基礎是對感官和理性的壓抑性和諧，那是對統治邏輯下生命組織化的永恆抵抗，對操作原則的批判。

藝術也許是最顯而易見的「重返壓抑」，不但是在個人層次上，更在屬系—歷史的層次上。藝術性的想像形塑了「在無意識的記憶中解放失敗、背叛承諾」。在操作原則的規則下，藝術與被機構化的壓抑相反，它是「人類作為自由客體的想像；但在非自由的藝術中只能藉對不自由的否定去保留自由的樣貌[4]」。因為喚起了自由的意識，就再無任何一種藝術作品不揭露原型的內容：那是對不自由的否定。我們稍後會看見這些內容是如何呈現美學的形式，並受美學的原則支配[5]。作為美學的現象，藝術的批判功能是自打嘴巴的。藝術對絕對形式的絕對責任正好破壞了藝術對不自由的否認，為了否定，不自由必定在藝術作品中呈現出現實的外表，這種外表元素必然使得被呈現出來的現實服從於美學標準，並且剝奪了它的恐懼性。而且，藝術作品的形式給出了享樂性質的內容、風格、節奏、儀表都提倡了該種美學秩序，這本身就令人愉快，因為它與內容彼此調和。快樂和美學性質，甚至是娛樂的，它都並未與藝術本質分離，無論藝術作品是何等悲劇性、何等不妥協，皆是如此。亞里斯多德對藝術宣洩效果的主張概括了藝術的雙重功能，互相對立、彼此調和；互相控訴、彼此釋懷；記起壓抑並再度壓抑——這也就是「淨化」（purify），人們可以用經典的方式提升自己：讀和看和聆聽他們自己原來經歷過的背叛、勝利、放棄或　滅，且因為這全都

4 Theodor W. Adorno, "Die gegangelte Musik", in *Der Monat*, V (1953), 182。
5 參見本書第九章。

是美學形式，他們可以享受它（enjoy it）並遺忘。

根據美學形式的限制，藝術仍具壓抑性，即使是以一種矛盾的方式表現，它仍重返對解放的壓抑，藝術就是反對本身。在現在這個階段，這個全體動員的時期，甚至是這種高度矛盾的反對性似乎也不再可行了。藝術只有清除它自己才得以生存，它拒絕傳統形式從而拒絕和解：它在變得超現實、無調性之處存活下來了[6]，否則藝術就與真正的人類共同命運相同。即將死去。卡爾・克勞斯（Karl Kraus）在法西斯時期剛開始時說的話仍是真的：

「世界醒來之時，便是語言逝去之時。」（德文 Das Wort entschlief, als jene walt erwachte）

幻想以較不昇華的形式表現出對現實原則的反對，是更自在地進行非現實和超現實的過程，像是夢境、白日夢、遊戲、「意識流」，在它最極端的為滿足而超越現實原則的狀態時，幻想取消了**個體化原則**本身的建立，這裡或許是幻想服務愛欲的主要

6 Theodor W. Adorno, *Philosophie der neuen Musik* (Tübingen: J. C. B. Mohr, 1949)。

原因，因為性慾是「生命有機體唯一能夠延伸超越個體的功能，並得以保障它與其物種的連結[7]」。到目前為止，當性慾被現實原則組織並控制時，幻想主要在抵抗正常的性慾（我們之前已經討論過幻想和性變態行為之間的相似性[8]）。然而，幻想中的愛欲元素超越了變態的表現，它的目標在於「愛欲的現實」，生命本能在這裡達到實現而沒有壓抑，這是幻想過程對現實原則最終所反對的內容；透過這個屬性，幻想在心理動力中扮演特殊的角色。

佛洛伊德承認這個角色功能，但在這個點上他的元心理學經歷了命運的轉折，一種不同形式的現實形象成為了基本心理過程的真理；這個形象包含了普遍與特定之間喪失的統一性，以及透過生命本能的全然滿足在快樂與現實原則間相互調和，這個形象是屬於並超越了人類的**個體化原則**，它的真理價值是更高的。然而，佛洛伊德認為，這個形象只能召喚屬系（以及個人的）早於文明的**前歷史過往**，因為文明只能透過破壞快樂原則與現實原則間的前歷史統一性才得以被建立，這個形象必須持續深埋於無意識中，並且想像就必然只能是幻想、兒戲、白日夢。引導原始部落走向更高形式文

7 Freud, *A General Introduction to Psychoanalysis*, p.358。

8 參見本書第二章。

明的這條漫長意識之路無法倒轉，佛洛伊德的結論排除了一種「理想的」自然狀態概念，但他同時假定了一種文明特定的歷史形式作為文明的**自然**。他自己的理論並未證實這個結論，從操作原則的歷史必然性中，以及從他持續的超越歷史必然性看來，遵循另一種形式的現實原則而產生出另一種形式的文明並非不可能的。在佛洛伊德的理論中，擺脫壓抑是無意識的課題，是前歷史和甚至是前人類的過往課題，是原始生物學和心理過程的課題；結果，非壓抑性現實原則的概念變成了回歸的課題，這樣的原則本身可以成為歷史的現實、成為發展意識的一種課題，其幻想的形象可以指出未被征服的**未來**，而非指向已（完全）征服的過去——這些似乎對佛洛伊德而言最多就是美好的烏托邦罷了。

發現想像真理並濫用，以致變成倒退傾向的危險性，以卡爾．榮格為例，他比佛洛伊德更堅持強調想像的**認知**力量，根據榮格的說法，幻想與其他心理功能是「難以區分」地連在一起，它「有時是原始的，有時是最終極的，而在所有的能力中是最膽大妄為的」。幻想首先是所有「創造性的活動，以及所有能被回答問題的答案」，它是「所有可能性之母，它讓所有心理對立的，如同那外在世界之間的衝突得到了統一」。幻想總能建立主客體間、外向與內向性間不可調和要求之間的橋樑[9]，想像同時具有回顧和前瞻性特徵，於是能清晰表達：它不僅回首與原始珍貴的過往，同時前瞻與尚未被實現但可以實現的可能性。而榮格早期的工作中已經強調想像的回顧性造成的「幻想」性質：夢想「逆行至回憶的原始材料」，它是一種「朝向原始知覺的回歸[10]」。在榮格心理學的發展中，他的蒙昧主義、保守主義傾向逐漸占主導地位，並淘汰掉佛洛伊德元心理學的批判性洞見[11]。

想像的真理價值不僅連結過去，同時連結未來，它喚起自由和快樂的形式傳達了歷史現實，它拒絕讓現實原則強加於自由和快樂上的限制成為最終限制，它拒絕遺忘**可能成為**存在的東西。這是根據幻想的批評功能：

> 使想像臣服（即使它涉及粗略稱為幸福的東西），也就是讓人們在最公正的內在

9 Jung, *Psychological Types*, transl. H. Godwin Baynes (New York: Harcourt, Brace, 1926), p.69（翻譯作了少部分修改）。

10 *Psychology of the Unconscious*, transl. Beatrice M. Hinkle (London: Routledge and Kegan Paul, 1951), pp.13-14。

11 由於 Edward Glover 的卓越分析，我們沒有必要進一步討論榮格作品。參見 *Freud or Jung?* (New York: W. W. Nortion, 1950)。

自我中發現的一切受到侵犯，只有想像讓我意識到可能成為存在的東西。[12]

超現實主義者們承認佛洛伊德的發現具有革命性的意義，「想像或許即將開拓它的權利[13]」，但當他們問到「難道夢不能提供生命困境的基本解方嗎[14]」？他們就要求夢符合現實，而不僅是妥協於它的內容。他們因此超越了精神分析，藝術自己成為了革命的盟友、毫不妥協地信奉著想像嚴格的真理價值，它因此更全然地了解現實。根據現實組織化後的事實所認定的美學想像失真了，而這正是它們真實的本質所在：

> 事實上，有些實際情況不真實的主張，也許能表現出重要的美學成就真理。它表現出了「大拒絕」（the great refusal），這是它主要的特徵[15]。

這個所謂大拒絕抗議抵抗著不必要的壓抑，它是自由最終極形式的努力——「沒

12 Andew Breton, *Les Manifestes du Surréalisme* (Paris: Editions du Sagittaire, 1946), p.15。這是第一個宣言（1924）。
13 同前註，p.25。
14 同前註，p.26。
15 A. N. Whitehead, *Science and the Modern Woeld* (New York: Macmillan, 1926), p.228。

有焦慮地活著[16]」。但這個理想要平安無事地被表達出來，只有在藝術的語言中。在更現實的政治理論，甚至是哲學的因果論述中，它幾乎是普遍地被指責為烏托邦。

把真實的可能性歸屬於了無人煙的烏托邦，這件事本身就是操作原則意識形態的重要元素。如果說非壓抑性的本能發展並非面向著前歷史的過去，而是歷史性的現在和成熟文明，那麼，烏托邦的主張就恰好失去了意義。對操作原則否定的湧現並非抵抗理性意識的發展，而正好是**與它同在的**；它預設了文明最高度的成熟，操作原則的絕對成就強化了人類古老無意識和意識過程，與它實際的潛能之間產生脫節，人類歷史似乎朝向本能變遷的另一個轉折點邁進。而就像之前的轉折點那樣，古老心理結構要適應新的環境，這意味著另一場「災難」的發生——一種環境本身破壞性的變化。然而，根據佛洛伊德的假設，最初的轉折點在地理歷史的轉折點上，第二個則發生在文明起源之時，那麼，第三個轉折點將會是在文明所及最高的層次上。事件中的主角不再是歷史上動物性的人類，而是有意識的理性主體。這個主體將世界視為競技場主導並調度。當匱乏的基礎——對佛洛伊德而言，它提供了壓抑性現實原則的合理性——被禁錮的文明破壞時，佛洛伊德本能理論所包含的歷史性因子在歷史中就兌現了。

16 "…Ohne Angst Leben", T. W. Adorno, *Versuch über Wagner* (Berlin-Frankfurt: Suhrkamp, 1952), p.198。

有些爭議點仍然奏效，儘管文明一切的進步、匱乏和不成熟仍舊十分嚴重，以致排除掉個體實現那個按照他所需求的原則性，文明物質如同其心理資源一般，仍然非常有限，所以如果社會生產力重新定向於普遍性的滿足需求，那必然大幅降低生活的水平：因為如果所有人都要過符合人性的生活，那許多人就必須放棄被操縱的舒適生活。而且，主流的工業文明國際化結構似乎譴責這種理想的荒謬，但這並不使理論上的堅持失去效力，論者認為操作原則已經過時了。快樂原則與現實原則之間的調和並非取決於全體的富足，唯一有關的問題在於是否能合理地設想文明的狀態，這個狀態是人類需求能在特定的方式和特定程度下被滿足，以致額外壓抑被完全根除。

這個假設的狀態可以在兩個階段被合理呈現，源自於本能變遷相反地兩極端：第一個是在歷史原始的開端，另一個則是在文明最為成熟的階段。第一種可以論及非壓抑性的匱乏分配（或許能用母系社會階段作為例子），第二種屬於在克服了匱乏之後發展完全的工業社會核力組織化。本能的變遷在這兩種條件下當然非常不同，但有一種決定性的特徵在兩者都是常見的：本能發展都是非壓抑性的，意思是至少來自統治的利益所施加必要的額外壓抑，並不會強加於本能之上。這種性質會反映基本人類需求的普遍滿足（在第一階段是原始的，在第二階段被大幅地擴張和改良），性慾如同社會性都被滿足了：食物、房子、衣著、奢侈品，這個滿足將會（這是重點）**沒有苦役**——也就是沒有異化勞動的規則施加在人類生存上。在原始條件下，異化**尚未**形成，是因為需求本身的原始特徵使然。初階的（人或性的）勞動分配特徵，以及功能的機構等級制的專業化並不存在，而在成熟工業文明的「理想」條件下，異化已被普遍自動化所完成，將異化時間縮減為最少，功能性可以互相轉換。

因為工時長度本身就是現實原則強加於快樂原則上的其中一種主要壓抑性因子，所以降低工時就是第一個自由的先決條件，它使得勞動時間不再阻撓人類的發展。這種工時的自動降低幾乎必然意味著，一種今日在最進步的工業化國家主流生活標準的大幅降低。但是，操作原則的崩塌將會造成往更低生活水平退回，而這並不會強烈打擊自由的進步。

認為解放的條件取決於更高的生活水平，這個觀點很容易證明壓抑的永存性。生活水平是根據汽車、電視、飛機、拖拉機等定義，這本身正是操作原則。超越了這種原則的規則，生活的層次則依照另一種標準來評估：人類基本需求的普遍滿足，以及對罪惡感和害怕的擺脫——內在和外在一樣，本能和「合理性」彼此統一，「真正的文明不在於煤氣、蒸氣，也不在於轉盤，而在與消除原罪的遺跡[17]」——這是超越操作原則對進步的定義。

在最佳條件下，在流行的文明中，物資和科技富裕帶來無痛苦的需求滿足，統治不再系統化地壟斷這種滿足。在這個狀況下，仍需被導入必要勞動的本能能量（依序被完全機械化和合理化的那些必要勞動），將非常少，以致約束和修正所需的大範圍壓抑不再被外在力量所維持，而將崩解。結果，快樂原則和現實原則的對立關係也將偏向快樂原則而有所轉變，愛欲、生命本能將會以空前的程度釋放。

這是否代表文明將會被推翻並退回歷史前的野蠻狀態？在這個狀態中的個體會因為可供利用的滿足手段和他們本身的能量都耗盡，缺少需求與壓抑，以致足以推動物質和知識更高層次和更廣泛生產的能量流失掉嗎？佛洛伊德的答案是肯定的。他的答案或多或少根據對某些假設的沉默接受：自由的原欲關係本質上與工作關係相互抵觸，能量必須從原欲關係中被退回已建立工作關係，所以只有取消全然的滿足才能夠維持工作的社會性結構，即使是在社會的理性組織最佳條件下，人類需求的滿足仍然仰賴勞動，這項事實本身就強加了在質與量上的本能約束，從而產生大量的社會禁忌，無論多麼富裕，文明都依賴穩定且有條不紊的工作，於是就會不快樂地延遲滿足。

17　Baudelaire, *Mon Coeur Mis à Nu XXXII*, in *Oerures Posthumes*, ed. Conard, Vol.II (Paris, 1952), p.109。

因為主要的本能「天生」反抗這種延遲性，所以文明就保持了對這些本能壓抑性修正的必要。

為了駁斥這樣的論點，我們必須呈現佛洛伊德「本能壓抑—社會利用勞動—文明」這種相關性能被有意義地轉變成「本能解放—社會利用工作—文明」。我們已經說明了盛行的本能壓抑並非大多來自於勞動的必要，而是來自於統治利益強加特定勞動的社會組織，也就是說，壓抑大部分是額外壓抑。那麼，消除額外壓抑**本身**就是傾向消除將人類生存作為勞動工具來使用的組織，並非勞動本身。如果這是真的，那麼，非壓抑性現實原則的出現將不會破壞勞動的社會組織，因為對愛欲的解放將能夠創造新的、持久的工作關係。

對這個假設的討論一開始就會遇到對現代文化價值最嚴格的保護標準之一——也就是**生產率**，這個理念比其他任何都表現出工業文明的存在主義的態度；它滲透進了依照永恆超越性的自我去定義的主體哲學。人類是根據製造、增加和改善社會利用事物的能力來評估其價值的。生產率於是代表了主導和改變自然的程度，也就是將未經控制的自然環境替換成可控制的技術環境。然而，越是將勞動力分配面向生產機制建造的實用性而非面向個人——換句話說，更偏離個人需求而往社會需求——就有越多的生產率和快樂原則互相抵觸，而且成為自在的目的。生產力這個詞本身就被標記為壓抑性或對壓抑庸俗的美化，它意味著對休息、放縱、接受性的詆　，是對心理和身體「膚淺性」地征服，是已開發的理性對本能的馴化。因此效率和壓抑緊密相連的匯流：提升勞動的生產率，成為資本家和史達林主義共有的斯達漢諾夫主義的神聖不可侵犯的理想。這種對生產率的主張具有其歷史局限性，它們都屬於操作原則，超越它們的統治，生產率具有另外一種內容和另外一種與快樂原則的關聯性，它們預設了一種想像的過程，這個過程保持了**新**現實原則的需求，而不受操作原則支配。

想像的烏托邦主張已經充滿了歷史現實，如果操作原則的成就超出了它的機構，這些機構也同樣會反對生產率的方向——反對人類對勞動的屈服。擺脫了這種奴役狀態，生產率喪失了它的力量並促使個體需求自由發展。這種進步方向上的變化超越了社會勞動預設的基本重組，無論物質產品是多公正和合理的被組織，它將永遠無法成為自由和滿足的領域；但它可以釋放時間和能量用在人類異化勞動領域**之外**的自由消遣，異化勞動越是完全，則自由的潛力就越大：全面自動化是最理想的，這是在勞動之外的領域去決定自由和實現，並且是按照對操作原則的否定所構成的領域去定義人類的存在。這種否定取消了統治的合理性並有意識地「不去意識」被這種合理性所塑造的世界——用滿足的合理性去重新定義。當這種進步方向不光基於操作原則的成就和潛力而歷史性地轉向時，它才全然地改變了人類的生存，包括工作世界和對自然的鬥爭。超越操作原則的進步並非是透過改善或補充現有的存在來達成的，並不是藉由更多的沉思、更多的閒暇達成，並非宣傳和實踐「更高的價值」，並非提升自我和自我生命。這一類概念是屬於操作原則本身的文化背景，悲嘆整體工作對人格的侮辱影響，對這個世界及來世上和美麗事物傾心佈道，這些本身就是壓抑性的，因為它讓人們和被棄之不顧的工作世界彼此調和，而且，它是透過將人們的努力從培植並維持壓抑的領域轉移開來，而維持壓抑的。

超越操作原則，它的生產率同它的文化價值都變得無效了，對生存的掙扎於是在新的地方繼續，並伴隨著新的目標：它轉向成具體的掙扎，去抵抗對人類官能自由消遣所進行的任何約束，抵抗苦役、疾病和死亡。而且，儘管操作原則的規則伴隨著本能動力相對應的控制，對生存掙扎的重新定位仍涉及了這種動力的決定性改變。可以確定的是，這種改變成為了維持進步的先決條件。我們現在試著說明這些條件影響精神的絕對結構、改變愛欲和死欲間的平衡，重新激發被禁忌的滿足領域，並緩和本能的保守傾向，一種新的存在經驗將會全然改變人類的生存。

第八章
奧菲斯和納西瑟斯形象

嚴格來說，企圖擬定一種超越現實原則的文化理論結構並不合理。理性即是操作原則的合理性。甚至在西方文明剛開始時、早在這個原則被結構化之前，理性就已經被當作約束力、當作本能壓抑的工具；本能所支配的，也就是感性，被認為與理性永遠敵對且有害[1]。哲學理解了人類生存的範疇，它保持理性與壓抑間的連結：無論什麼是屬於感性、快樂、衝動的領域，它都具有與理性對抗的存在意涵，而這必須被征服、被約束。日常語言保留了這種評價，這個領域適用的詞彙都具有說教或猥褻的語調。從柏拉圖到現代世界的「黃色漫畫」（德文 Schund und Schmutz）規律[2]、對快樂原則的誹謗證明這種不可抗拒的力量；對這種誹謗的抗拒容易淪為笑柄。

壓抑性理性（理論或實際上的）的統治，依然永遠沒有完結，它對認知的專斷永遠不會沒有爭議性。當佛洛伊德強調幻想（想像）的基本面事實保有與理性不相融的真理時，他所遵循的是一種的漫長的歷史性傳統。幻想是認知性質的，依照它保留了對理性「大拒絕」的這個真理來看，或者，正向來看，它對抗理性以保護人類與自然

1 參見本書第五章。

2 紐約聯合立法委員會關於漫畫有一個提案：禁止販賣和散布描繪「裸露、性或情慾，這些可能激起人們性慾的書籍（*New York Times*, February 17, 1954）。

對全然滿足的欲望，而這種渴望被理性所壓抑。在幻想的領域裡，自由非理性的形象變得合理了，並且「膚淺」的本能滿足獲得新的尊嚴。在奇特的真理面前，操作原則的文化低頭了。這是想像存在於民俗學和神話、文學和藝術中的真理，它們被恰當地解釋著，且在通俗或學術的領域都站得住腳。然而，努力想在有效的現實原則抑制下、在這個主流之中推演出這些真理，這不合邏輯。諾瓦利斯（Novalis）所說的「所有內在的官能和力量，以及所有外在的官能和力量，都是從生產性的想像推導出來的」[3]，這仍留下引人好奇的部分——就像超現實主義者練習詩（法文 de pratiquer la poésie）的方法一樣。堅持想像提供存在的態度、實踐和歷史可能性等標準，這顯然是幼稚的幻想。只有原型、象徵能夠被接受，且它們的意義通常根據屬系與個體的發展階段、長久下來的壓抑所解釋，而並非根據個人文化成熟度。現在就讓我們試著去辨識某些象徵，並評估其歷史性真理的價值。

進一步來說，我們要去尋找「文化英雄」，他們在想像中不斷存在、並象徵決定人類命運的態度和舉止。此處一開始我們就面臨一個事實，那就是占優勢地位的文化

3 *Schriften*, ed. J. Minor (Jena: Eugen Diederichs, 1923), III, 375。Gaston Bachelard, *La Terre et les Rêveries de la Volonté* (Paris: Jose Corti. 1940), pp.4-5。

英雄是一個魔術師，且（受難於）對神的叛變，以持續的痛苦創造出文化。他們象徵生產力、對主導生命努力不懈，但在他的生產力中，祝福與詛咒、進步與奴役密不可分地交織在一起。普羅米修斯（Prometheus）就是操作原則的英雄原型，且在普羅米修斯、潘朵拉（Pandora）的世界中，女性原則、性慾和快樂，是以詛咒表現，它們具破壞性、毀滅性。「為何女人是這樣的災禍呢？海希奧德（Hesiod）在其討論普羅米修斯的一節詩的最後部分討論了性的克制。其中最重要的是女性經濟上的無生產力，她們是無用的懶惰者，是窮人預算表中的奢侈支出[4]。」女人的美麗，以及她能夠提供承諾的快樂，在文明世界中是致命的。

如果普羅米修斯是透過壓抑的苦役生產力和進步的文化英雄，那麼另一種現實原則的象徵必定尋求相反的極端。奧菲斯（Orpheus）和納西瑟斯（Narcissus）代表一種全然不同的現實（類似戴奧尼索斯，在統治邏輯下、在理性領域中被制裁的，神的反抗者）[5]。他們並沒有變成西方世界的文化英雄，他們擁有的想像是快樂和滿足，他

4 Norman O. Brown, *Hesiod's Theogony* (New York: Liberal Art Press, 1953), pp.18-19, 33; *Hermes the Thief* (University of Wisconsin Press, 1947), pp.23ff。

5 納希瑟斯的象徵以及「自戀」這個詞語，並不是它們在佛洛伊德理論中的意義。

們的語調是吟唱而非命令；他們的姿態是給予和接受；他們的行為是和平的，且終止了征服性的勞動；從時間中解放出來，將人與神、人與自然合而為一。文學保留了他們的形象，在 *Sonnets to Orpheus* 中：

幾乎像一位少女，她閃閃動人地走來，
從詩歌和七弦琴那樣的幸福中，
並透過春天的面紗清新閃耀，
她在我的耳中替自己安了張床鋪，
然後就睡在我之中，所有一切都在她的安眠之中：
我驚嘆的那些樹木、妖嬈的魅力，
在最遙遠的距離、茂密的草地，
以及我自己降臨的所有魔法，
在她安眠的世界中。
詩歌之神啊，哦，這該如何，
是否因祢完美了她，所以她將不久於世。

要醒來了嗎？她起床又睡去，
哪裡會是她的死亡之地？[6]

或者是納西瑟斯，他在水的倒影中試圖抓住自己的美。在時間之河中，任何形式都轉瞬即逝。他俯身對著這條時間之河夢想著：

唉，時間何時停止它的航程並讓這股潮流靜止？形式，神聖又永恆的形式，它等待著停止是為了再現！哦，什麼時候，在哪一個夜晚，你會再度現蹤？[7]

天堂必定總是一再被創造，它並非在某個遙遠的極北之地；它縈繞於外表之下，每件事物都以潛在地親密和諧，以它自己本身存在著——恰似每一顆鹽都以其晶體原型保持存在，當水奔流而下、更加湍急之時，一個沉默之夜來臨了；然後，在那個平

6 原文為德文。Rainer Maria Rilke, *Sonnets to Orpheus: Duino Elegies*, transl. Jessie Lemont (New York: Fine Editions Press, 1945)，p.3（翻譯略微修改）。

7 原文為法文。Andre Gidé, *Le Traité du Narcisses*。

靜的深淵，那神祕的晶體將綻放……所有一切都朝向它失落的形式……

我聆聽希望之處，一種巨大的寂靜正聆聽著我。泉水的聲音在夜晚變幻並訴說著；在神聖的陰影中我聽見銀色的草藥生長著，然後，那狡詐的月，將它的月光深深照進那已停滅的噴泉深處[8]。

欽佩納瑟西斯對水中倒影的永劫回歸，這個倒影帶給他愛人的形象，以及他的美和知識，我全部的命運都臣服於我的愛、肉體，我投降於你的靈魂力量；寧靜的水正等待著我，我敞開我的雙臂：我不去抵抗這種純粹的瘋狂。哦，我的美人，我能夠做你確實不想的事情嗎？[9]

這種語言氛圍展現出「原罪痕跡的減弱」（法文 diminution sea trace du péachés orginel），這是對以統治和放棄為基礎的文化進行叛變，奧菲斯和納瑟西斯的形象調

8　原文為法文。Paul Valéry, *Narcisse Parle*。
9　原文為法文。Paul Valéry, *Cantate du Narcisse*, Scéne II。

和了愛欲和死欲。它們使人想起關於一個不是等待支配和控制，而是等待解放的世界的經驗，關於一種即將解放愛欲力量的自由的經驗。這種力量目前正受困於被壓抑和僵化的人與自然中。不應把這種力量看作是破壞性的、恐怖的，而應該看作是和平的、美好的。為了劃定這種力量的範圍，列舉一些集合的形象將是有幫助的：快樂的恢復、時間的停止、死亡的融合、沉默、睡眠、夜晚、天堂——不是作為死亡而是作為生命的涅槃原則。波特來爾（Baudelaire）用這行文字給出了這種世界的形象：

到處都是秩序和美麗、奢華、寧靜和感性[10]。

這或許是唯一讓秩序喪失壓抑性意涵的語境，在這裡，這是自由愛欲創造的滿足和**秩序**，靜止戰勝了動力；但這卻是在自身完整性中活動的靜止狀態，是一種感性、遊戲和詩歌的生產力。對這種形象的雕琢並加以傳達，都必然是自打嘴巴，因為它們會在藝術語言之外改變意義，並且併入它們接受的壓抑性現實內涵。然而它們影射的現實才是必須要追溯的。

10 原文為法文。

和普羅米修斯的文化英雄比起來，那些奧菲斯和納西瑟斯的世界本質上是不實在、不現實的。它們被指涉為一種「衝動性的」態度和存在。這些文化英雄們的行為也是「不可能發生的」。在那裡，它們是神奇的、不可思議的、超人類的。然而，它們的目標和「意義」並不相異於現實；相反，那些意義是實用的，它們支持並且壯大了這個現實；這些意義並不會破壞現實，但奧菲斯—納西瑟斯形象確實會破壞，因為它們不是傳達某種「生活方式」，它們訴諸地獄和死亡。它們最多只可能是詩歌，是那些專屬於靈魂與內心的事物，但它們並不教導任何「訊息」——除了，也許是否定性的教訓。人無法打敗死亡，或在美的讚賞中遺忘和拒絕生命的召喚。

這種道德訓條被加諸於相當不同的內容上。奧菲斯和納西瑟斯就像普羅米修斯和荷米斯（Hermes）那樣象徵著真實，樹木與動物們回應著奧菲斯的話語；春天和森林則回應納西瑟斯的渴望。奧菲斯和納西瑟斯的愛欲喚醒並解放了真實存在於有生命與無生命、有機物與無機物自然之中的潛能——是真實的潛能，但只有在被抑制的非愛欲現實中存在。這些潛能確立了這些**目標**的固有範圍：「成為他們所是」（just to be what they are）、「此在」（being-there）、生存。

奧菲斯和納西瑟斯的經驗世界否定那個支持著操作原則的世界。人與自然之間、主體與客體間的對立被克服了，存在是作為滿足的經驗，並將人與自然結合，因此人類的實現同時就是自然非暴力的實現，當存在訴說著愛和關懷時，花和春天和動物都以原本的樣貌呈現——美麗，並不僅僅是對那些談論或看重它們的人而言，而是對它們本身而言，那是「客觀的」美，「世界正趨於美」（法文 Le monde tend à la beauté）[11]。在奧菲斯和納西瑟斯的愛欲中，這種傾向被釋放了：自然事務逐漸自由地成為它所是。但是要成為它所是，**取決於**愛欲的態度：它們只有在愛欲的態度中，才能獲得自身的**目標**。奧菲斯的詩歌安撫了動物的世界，調和了獅與羊、以及調和獅與人。自然世界是壓迫的、殘酷的和痛苦的世界，就像人類世界那樣。像人類一樣，自然世界等待著它的解放，這個解放是愛欲的工作，奧菲斯的歌聲打破了僵化、移動了森林和岩石——讓它們參與享樂。

納瑟西斯的愛被自然的回聲回應著。確實，納瑟西斯呈現出與愛欲的對抗性，他拒絕被愛，這種愛能與其他人類結合，因此他也收到愛欲懲罰[12]，作為愛欲的抵抗者，納西瑟斯象徵睡眠和死亡、沉默和休息[13]。在色雷斯（Thrace），他與戴奧尼索斯關

11 Gaston Bachelard, *L'Eau et les Rêves* (Paris: José Corti, 1942), P.38。同樣參見 p.36 的 Joachim Gasquest 說法：Le monde est un immense Narcisse en train de se penser.

12 Friedrich Wieseler, *Narkissos: Eine kunstmythologische Abhandlung* (Göttingen, 1856), pp. 90, 94。

13 同前註，pp.76, 80-83, 93-94。

係密切[14]，但納西瑟斯的形象並不是冷酷、禁慾和自私色彩的形象，這些都不是納西瑟斯被保留在藝術和文學中的姿態。他的沉默並非死板的，且當他藐視獵人與仙女之愛的時候，他正是為了某種愛欲而拒絕另外一個，他用他的愛欲生活著[15]，他並非愛著他自己（因為他並不知道他所鍾愛的形象就是他自己），如果說，他的愛欲態度類似死亡、並帶來了死亡，那麼，休息和沉眠和死亡彼此間都不是痛苦地分離、相互區分著：涅槃原則的規則貫穿了這所有的過程。而當他死亡時，他以他名字的花繼續活著。

我們取用納西瑟斯的形象，結合納西瑟斯和奧菲斯，並將兩者作為現實中非壓抑性愛欲態度的象徵，這是來自於神話—藝術傳統，而非佛洛伊德原欲理論。我們現在可以在佛洛伊德**原始自戀**（primary narcissism）概念中找到某些支持我們這種解釋的論點。這對將自戀引入精神分析十分重要，它標示了本能理論發展的轉折點：在自

14 同前註，p.89。納希瑟斯和戴奧尼索斯在奧菲斯神話中非常相近（如果他們沒有完全相同的話），巨人們抓住了戴奧尼索斯，當時他正用巨人們給他的鏡子沉醉於自己的形象。古老的傳統（Plotinus，Proclus）想像中，鏡像—副本是神在世界眾多現象中的自我展現——過程的最後象徵是被巨人撕裂的神被宙斯重生了。於是這個神話表達了分裂的一切再重聚，神與世界、人與自然——這是一與多的統一。Erwin Rhode, *Psyche* (Freiburg, 1989), II, 117 note; Otto Kern, *Orpheus* (Berlin, 1920), pp.22-23; Ivan M. Linforth, *The Arts of Orpheus* (University of California Press, 1941), pp.307ff。

15 最生動地說，納西瑟斯是愛神的伴侶，形象是悲傷的而不是可怕的。參見 Wieseler, *Narkissos*, pp.16-17。

我與外在客體彼此分化以前，一種未經分化的、統一的原欲概念動搖並替代自我本能的獨立性（自我保存的本能）的假設[16]。對原始自戀的發現不只是在原欲發展之外增添另一個階段，它伴隨這個發展出現了另外一種**現實**存在關係的感知狀態。原始自戀不只是自體性慾行為（Autoeroticism），它更吞噬了「環境」，將自戀自我與客觀世界彼此整合。自我與外在現實間一般的對立關係，只是自我與現實之間較晚才出現的形式階段：

> 原初自我包含了所有一切的事物，然後它自己分離除了外在世界，所以我們現在所知的自我感覺僅是一種更遠大感覺的縮影——一種包含了宇宙的感覺，並且表現了自我與外在世界密不可分的連結[17]。

原始自戀的概念也蘊涵在《文明及其不滿》第一章要闡明的概念——自戀並不只是一種神經質症狀，它更是一種組成現實因子，它是與成熟的現實自我共存的。佛洛

---

16 參見本書第二章。

17 *Civilization and Its Discontents* (London: Hogarth Press, 1949), p.13 Italics added。

伊德將倖存的原始自我感覺的「觀念內容」解釋為「向宇宙無限地延伸和合一」（廣闊如大海的感覺）[18]，並且，在同一章節後面，他暗示這種廣闊如大海的感覺正企圖恢復「無邊無際的自戀」[19]，在這種明顯的悖論中，自戀通常被理解為從現實遁逃的愛欲，在這裡與天地的統一相互連結了，它揭示出這種概念新的深刻狀態，即自戀意味著與現實的基本相關性，它超越了所有不成熟的自體性慾行為，而這將能夠產生出全面性的存在秩序[20]。換言之，自戀可以包含一種不同於現實原則的種子：自我原欲的貫注，（一個人的身體）能夠成為目標世界新原欲關注的來源和源泉，它將這個世界改變為新的存在模式。在自戀的原欲扮演的重要角色中這種解釋被證實了，佛洛伊德認為，這就是昇華。在《自我與本我》（*the Ego and the Id*）這本著作中他問道：「所有昇華的發生難道不都是透過自我作為媒介？在一開始，透過將性慾的原欲目標改變成自戀原欲目標，這就是以自我作為媒介，然後，也許，繼續投予自戀其他的目

18 同前註，p.14。
19 同前註，p.21。
20 Hanns Sachs 在他的文章〈The Delay of Machine Age〉中作了一個有趣的嘗試，想證明自戀是希臘文明的現實原則的組成因子。他討論了為何希臘人即使擁有足夠的技術和知識，卻沒有發展機械科技？他並不滿足於一般經濟社會學方面的解釋，而是認為，希臘文化中占主導地位的自戀因子阻礙了科技的進步：肉體的原欲貫注太強大，以至於它強烈抵抗著機械化與自動化。Sachs 的文章收錄在 *Psychoanalytic Quarterly, II* (1933), 420ff。

標[21]。」如果昇華確實透過自我的媒介發生，那麼所有的昇華都將始於自戀原欲的重新活化，並以某種方式蔓延至目標物。這種假設恰好就是昇華概念的革命：它暗示一種非壓抑性的昇華模式，是來自於原欲的延伸而非原欲的壓抑，我們隨後會再重新論述這個概念[22]。

奧菲斯—納西瑟斯的形象即是大拒絕：拒絕接受與原欲目標（或主體）分離，這種拒絕以解放為目標——重新將分離物再結合的目標。奧菲斯是〈liberator und creator〉這首詩的原型[23]：他在世界上建立了更高的秩序——一種沒有壓抑的秩序。在他身上所體現的藝術、自由和文化永遠結合在一起了。他是救贖的詩人，是藉由安撫人與自然帶來和平救贖的神，他是透過歌唱，而非透過力量。

「奧菲斯，神與人的橋樑，神的傳訊者，
阻止荒野中的人屠殺和食用骯髒食物，

---

21 *The Ego and the Id* (London: Hogarth Press, 1950), p.38。
22 參見本書第十章。
23 參見 Walther Rehm, *Orpheus* (Düsseldorf: L. Schwann, 1950), pp.63ff. 奧菲斯作為文化英雄，參見 Linforth, *The Arts of Orpheus*, p.69。

因此據說他馴服了老虎和獅子的憤怒……
昔日之時是詩人——
智慧的部分——明辨
公與私之間，
神聖與褻瀆之間，
查明性出軌之惡，
展示婚姻中人如何遵守法律，
建立邦國，將法律刻於木上。[24]

但「文化英雄」奧菲斯同樣建立了一種非常不一樣的秩序，且為此付出性命：

……奧菲斯迴避了女人所有的愛，不論是因為他在愛中失意，或他已經僅此一次地付出忠誠。仍有許多女人為這位詩人感到激情，許多女人為她們被退回的愛而感到

---

24 Horace, *The Art of Poetry*, transl. Alexander Falconer Murison, in *Horace Rendered in English Verse* (London and New York: Longmans, Green, 1931), p.426 經出版商授權引用。

悲傷。他為色雷斯的人們樹立榜樣，將愛給予溫柔的男孩，並享受春天的時光，並從他們的青春中得到歡樂[25]。

他最後被瘋狂的色雷斯女人撕成碎片[26]。

古典傳統將奧菲斯與同性戀的產生相連結，正如納西瑟斯那樣，他拒絕正常愛欲。像納西瑟斯一樣，他拒絕生殖性慾。奧菲斯和納西瑟斯的愛欲在最後都否定了生殖秩序——這是**大拒絕**。在文化英雄普羅米修斯所象徵的那個世界，他否定了**所有的秩序**；但在奧菲斯和納西瑟斯的否定性中揭示出新的現實，伴隨著它自己的秩序，受不同的原則所支配。奧菲斯的愛欲改變了存在：他用解放控制了殘酷與死亡，**詩歌**是他的語言，遊戲是他的工作。**美**是納西瑟斯的生命，**沉思**則是他的存在，這些形象與**美學維度**（aesthetic dimension）有關，他們的現實原則必須從美學維度去尋找並加以證實。

25 Ovid, *Metamorphoses*, X, 79-85, transl. Frank Justus Miller (Loeb Classical Library), Vol. II, p.71。參見 Linforth, *The Art of Orpheus*, p.57。

26 Ovid, *Metamorphoses*, XL, 1ff; Vol. II, pp.121-122。

第九章
美學維度

顯然，美學維度並不能證實現實原則，就像想像一樣，它是由心理官能所組成的，美學領域本質上是「非現實的」：它的代價是在現實中缺乏效用，而它在現實中保有自由。美學價值的功能是在生活中美化文化或提升文化，或作為私人興趣，但是要伴隨著這種價值**生活**，這是天才的特權，或頹廢的波希米亞人的標誌。在追求理論理性和實踐理性面前，美學的存在是被譴責的，而理論理性和實踐理性塑造了操作原則。然而，讓我們試著說明，這種美學主張來自於一種內容和實質上的「文化壓抑」，這和操作原則是相對立的。我們試圖透過恢復**美學**（aesthetic）的原始意義與功能，在理論上去取消這種壓抑。這項工作關乎證明快樂、感受性、美、真理和自由之間的內在連結——一種**美學**一詞在哲學史中所透露的連結。在這個詞的對象、領域中保存了感受與調和的事實，它調和了現實中的自由、人類「低階」與「高階」官能、感性和智性、快樂和理性，我們可以將討論定調在**美學**一詞被確立之後的意義上，即十八世紀後半葉那個時代。

在康德哲學中，主體與客體間的基本對抗性，反映在心理官能的二分法當中：也就是感性和理性（理解）、渴望和認識、實踐和理論理性[1]。實踐理性在自身所給予的道德規則與道德目的下建構自由；理論理性則在因果律下建構自然。自然的領域與自由領域是全然不相同的，因果律無法接受任何主觀自律，也沒有任何感受基準得以決定主觀的自發性（否則，主觀就不是自由的）。主觀的自發性對客觀現實仍是有一種「結果」的，且主觀本身設立的目標也必須真實，所以，自然的領域就必須受到自由法規所影響；自然與自由兩者間必然存在某種媒介——一種從自然領域**轉換**到自由領域的官能，並將低階與高階官能領域、渴望與知識領域彼此連結[2]，這種第三官能就是判斷力。這種心理的三分法成為前面二分法的基礎。儘管理論理性（理解）提供了認知的**先驗**原則，並提供實踐理性的渴望（意向），這種判斷力的官能仍用痛苦和愉快屬性的感受去調和兩者。判斷力是美學性質的，它與快樂的感受連結，而它應用的領域則是藝術。

這裡，極簡略地敘述康德（Kant）在《判斷力批判》（*the Critique of Judgement*）一書當中介紹的美學經典推論。他論述中的模糊性大部分是來自於：他將**美學**的原始意涵（與感受有關）與康德時期盛行的新意涵（與美，特別是藝術相關的）合併在一起。雖然，由於超驗法所設定的死板限制，他對恢復壓抑性內容所作的努力使他耗盡

---

1 這些並沒有相互對應，它們被指定為不同概念領域（一般心理官能、認知官能以及應用領域）。

2 Kant, *the Critique of Judgment*, transl. J. H. Bernars (London: Macmillan, 1892), p.16。

心力，但他的概念仍然提供了最佳指引，去理解美學維度的整體範圍。

在《判斷力批判》這本書當中，快樂的美學維度與相對應的感受，不僅僅是作為心理學的第三方官能，更是美學的**中心**，是自然受自由的影響、必要性受自發性影響的中介者。在這個中介裡面，美學功能是「象徵性的」。著名的《判斷力批判》第五十九節標題「美作為道德的象徵」，在康德系統中，道德屬於自由的領域。在那裡，實踐理性在自己給出的規則中發現自我，美象徵這個領域，就它而言直觀地證明了自由的實在性。由於自由是一種理想，它沒有感知——知覺能夠回應，這種證明只能是「間接的」、**類比的**（拉丁文 per analogiam）象徵，我們現在試著闡明這種特殊比喻的基礎，這同時也是美學功能將「低階」感受（Sinnlichkeit）與道德相互連結的基礎。在開始之前，我們希望能回顧加重美學問題的背景。

我們對已建立的現實原則特定歷史特徵的定義，促使我們重新考慮佛洛伊德所認為的、造成普遍效力的東西。我們質疑這種效率，是根據廢除文明強加的壓抑性控制的歷史可能性。似乎正是文明的成就使得操作原則過時，並讓本能的壓抑性利用成為過去式。以操作原則為基礎的非壓抑性文明概念遇到了爭議，本能解放（最後變成整體解放）會破壞文明本身，是因為文明只能透過放棄滿足並工作（勞動）才能得以維持——換句話說，它是透過對本能能量的壓抑性利用維持的。人類將從這些限制中被釋放出來，將會在沒有工作和沒有秩序中存在；本能會倒退回自然當中，這將毀滅文化。在回應這些爭論時，我們來回顧某幾個想像的原型，這些原型與壓抑性生產率的文化英雄相反，象徵著創造的接受性。這些原型並非透過統治和破壞，而是透過對固有原欲力量的釋放，而預示著人和自然的滿足。我們接下來要做的就是「確認」這些**超越**了操作原則的現實原則象徵。我們認為奧菲斯和納西瑟斯形象所代表的內容，即是在美學態度上人與自然的調和（統一），在那裡美是秩序而遊戲即工作，下一步則是要排除把美學態度扭曲成美術館或波希米亞的不真實氛圍。我抱持這樣的目的試圖去尋找哲學上的合法性、恢復美學維度的整體內容。我們在康德哲學中發現，美學維度占據了感受和道德——也就是人類生存的兩個極端，兩者之間的中心位置。如果是這樣，那麼美學維度必定包含了對兩種領域都有效的原則。

這個維度的基本經驗是感受性而非概念性的；美學知覺本質上是直覺而非概念[3]。感受的天性是「接受性的」，是透過被給出物的影響而產生出的認知。美學功

3 接下來的討論只是濃縮摘要康德的重要步驟。兩種基本認知官能（感性和理解）與三種官能（感性、想像和接受性）高度複雜的關係無法在這裡討論。《純粹理性批判》中的超驗美學和《判斷力批判》中的美學功能亦無法討論。海德格首次證明了康德系統中美學功能的核心規則。參見他的 *Kant und das Problem der Metaphysik*（Bonn: Friedrich Cohen, 1929），特別在頁 31 以下、頁 129 以下，有敘述基本認知官能間的關係。

能是憑藉著它與感性在本能上的關係呈現出重要地位。美學知覺伴隨著快樂[4]，這種快樂是從物的純粹形式中獲得，不考慮它的「物質」和它（內在與外在）的「目的」。「美麗」（beautiful）是一種在純粹**形式**中的代表，這種代表是**想像**的作品（或應該說是想像的遊戲）。作為想像，美學知覺是感性的，但同時又不只是感性（「第三種」基本官能）：它給出快樂，故在本質上是主觀的；但有鑑於這種快樂是由物本身的純粹形式所組成，它便伴隨著普遍通用及必要的美學知覺——對任何知覺主體皆是如此。雖然美學像是感性的，因而也是接受性的，但它也是創造性的：它在它自身的自由綜合性中構造出**美**。在美學的想像中，感性為了一種普遍客觀的秩序，創造出普遍有用的原則。

決定這兩種秩序的範疇是「無目的性的目的」和「無規律性的規律」[5]，它們超越康德的內容，指出了一種真正非壓抑性秩序本質。首先，決定了美的結構，然後是自由的結構。它們常見的特徵是在自由遊戲中獲得滿足，這種自由遊戲來自於釋放人類和自然潛能所獲得的。康德建立這些範疇僅作為心理過程，然而他的理論在當代的

4 接下來的內容是根據《判斷力批判》，頁29頁以下。

5 "Zweckmässigkeit ohne Zweck; Gesetzmassigkeit ohne Gesetz"，同前書，SS16-17, 22。

影響遠超過他超驗哲學所建立的邊界；在《判斷力批判》發表數年之後，席勒（Schiller）從康德概念中獲得了新文明模式的觀念。

對康德而言，「無目的的目的性」（形式的目的性）是物在美學的表現中呈現出的形式。無論是什麼樣的物（事物或者花、動物或人），它被代表或評斷的都並非根據實用性，不是根據任何它可能可以付出的目的，也同樣不是基於它「內在」官能和完整性。在這種美學想像中，物更表現出缺乏所有的關係與屬性的樣子，表現為它自身的自由存在。物於是「給出」經驗，它和日常經驗與科學經驗截然不同；所有物和理論世界與實踐理性世界的練習都斷裂了，或更像是暫停了。這種經驗，讓物在它的「自由」存在中被釋放，這是想像自由遊戲的作品[6]。主體和客體在新的意義上成為自由的了，對存在的態度所發生的根本變化導致了一種新性質的快樂，這是由物揭示其自身而產生的。它的「純粹形式」暗示了一種「雜多的統一性」，一種在它自己的規則運作下——也就是它的「此在」（being-there），它存在的表現——行動和關係的一致性。這是美的表現，想像於是符合理解的認知概念，且這種一致性建立了心理

6 Herman Moerchen, "Die Einbildungskraft bei Kant", in *Jahrbuch für Philosophie und Phaenomenologische Forschung*, ed. Husserl, IX (Halle, 1930), 478-479。

官能的和諧性，這是愉快回應美學對象的自由和諧。美的秩序來自於支配想像遊戲的秩序，這種雙重秩序是與規則相互協調的，但是這些規則本身是自由的：它們不是被強加的，且它們沒有被強迫達成特定目標和目的，這種美學的「合規律性」連結了自然與道德。美學的判斷是，

……在快樂或痛苦的感受方面，有一種組成原則。認知官能遊戲的自發性包含這種快樂的和諧性，促使（自然的目的性）概念成為媒介，去連結自然的概念化領域以及自由……，同時，這種自發性支持著心智受道德影響。[7]

對康德而言，美學維度是感受和智能相遇的中介，在文明的進步產生出來的、無所不在的人類低階與高階官能的衝突當中——文明的進步是透過理性對感性官能的征服，也透過它們對社會需求的壓抑性利用才達成的。在美學維度中，哲學調和感性和理性的成就就因此呈現出協調兩種人類存在領域的傾向，這種存在是被壓抑性現實原

7　*Critique of Judgment*, Introduction, pp.40-41（翻譯稍作更改）。

則所撕裂的。這種中介功能是被美學官能所運作，這種官能類似於感性，與感受有關。結果，這種美學的調和性意味著強化感性，作為與專斷理性的對抗。並且，最後，甚至在理性的壓抑性統治中喚醒了感受的解放。

確實，基於康德的理論，美學的功能成為文化哲學的重要議題。它被用來證明非壓抑性文明原則的哲學。在這種原則下，理性是感受性的，而感性是合理的。席勒著作《論人類的審美教育書簡》（*Letters on the Aesthetic Education of Man*, 1795），大部分是在《判斷力批判》的影響下寫出來的。目的是憑藉著美學功能的解放力量去重建文明：它被認為包含了新現實原則可能性。

西方傳統的內在邏輯推動著席勒，將新的現實原則，以及相對應的新經驗定義為**美學**。我們已經強調過，這個詞原本用在「與感受相關的事物」，並強調其認知功能。在理性主義的支配下，感性的認知功能不斷被弱化。在理性的壓抑性概念路數中，認知最終變成「高階的」心智，而非感性的官能；而美學被邏輯與形上學吸收。感性作為「低階」且甚至是「最低階的」官能，頂多就只被設定成材料。認知的原物料，必定透過更高的智性官能去組織。美學功能的內容和效用被削弱了，感性只有從屬於認識論立場才保有哲學上的尊嚴，那些本身過程不符合認識論的——也就是，那些不僅僅是被動知覺材料的——就失去了歸宿。失去歸宿的內容和價值裡面，最關鍵的是那些想像力：它們是自由的、創造性的，或者再生的直覺，這些都不是直接「被給出的」——這些官能不需要對象「被呈現」，它就能表現出來[8]。並不存在作為感性科學的**美學**，能去對應作為概念理解科學的**邏輯**。但在十八世紀中葉左右，美學被作為新的哲學訓練，作為美和藝術的理論：亞力山大．姆加登（Alexander Baumgarten）確立了這個詞的主要用法，將「與感性相關的」意涵改變成「與美和藝術相關的」意涵。這遠比學院創新具有更深刻的意義。

美學一詞的哲學歷史反映出對感受（因而是有形的）認知過程的壓抑性看法。在這個歷史當中，美學基本上是作為一種獨立的學科，與理性的壓抑性規則相互對立）：這是對美學功能核心地位的證明所作的努力，並將美學建立為一種生存範疇，藉以使用感受的固有真理價值去阻止現實原則支配下造成的美學退化。美學學科確立了**感受的秩序**，去對抗**理性的秩序**。這種主張引入文化哲學當中，其目的在於解放感受。它並不會摧毀文明，而是給予文明更堅固的基礎，並大幅強化其潛能。它透過一

8 康德在《純粹理性批判》中的定義，「超驗美學」，S24。

種基本衝動的作用——意即，遊戲衝動（play impulse）——美學功能將「廢除強迫性，並讓人在道德和身體上獲得自由」。它讓感受和戀慕去調和理性概念，剝奪了「道德強迫性的理性規劃」，並且「使它和感受的興趣相互調和」[9]。

這種解釋受到爭議，認為將哲學詞彙**感性**（作為心理官能）和解放相互結合，不過只是在操弄語詞的模糊性罷了。**感性**（**sensuousness**）的字根 **sens** 已經不再具有肉慾（sensuality）內涵。在德文中，**感性**和**肉慾**仍屬於同一個字：**Sinnlichkeit**。它意味著本能（特別是性慾的）滿足，也同樣意味著認知的感受——知覺和表現（感覺）。這種雙重意涵在日常與哲學語言中被保存，且在將 Sinnlichkeit 用作美學的基底時被留存下來。這裡，這個詞被指涉為「低階的」（「含糊不清的」、「混亂的」）人類認知官能。**加上**「痛苦和快樂的感受」——感性**加上**戀慕[10]。席勒的《論人類的審美教育書簡》中，它強調的是美學功能的衝動性與本能特徵[11]，這個內容提供了美學學科的基本素材。新美學學科被構想成「感受認知的科學」——一種「低階認知官能的邏

9 Schiller, *the aesthetic letters, essay, and the Philosophical,* transl. J. Weiss (Boston: Little, Brown, 1845), pp.66-67（翻譯稍作更改）。

10 Alexander Baumgarten, "*Meditationes Philosophicae de Nonnullis ad Poema Pertinentibus*," SS25-26, Albert Riemann, *Die Aesthetik A. O. Baumgarten* (Halle: Niemeyer, 1928), p.114。

11 Schiller, *The Aesthetic Letters*, fourth and eighth letters, and passim。

輯」[12]。美學是邏輯的「姐妹」，同時也是它的對手，對理性優勢的反對成為這種新科學的特徵：「……是感性〔德文 Sinnlichkeit〕而非理性構成了美學的真理與謬誤，感性所辨識出的，或能夠辨識的真理，美學就能將它表現為真理，儘管理性認為那是不真實的。」[13]且康德在他人類學講義中指出：「……一個人可以建立感性的普遍規則；這也就是說，有一種感性的科學，也就是美學。還有一種理解的科學，也就是邏輯。」[14]感性原則和真理提供美學的內涵，且「美學的對象和目的是將感性認知完美化，這種完美化就是美。」[15]這裡邁出了一步，讓美學，也就是感性的科學，轉變為**藝術**的科學。將感性的秩序轉變為美的秩序。

某個基本詞彙的字源學的命運很少是偶然的。從**肉慾**變化到**感性**（感受性認知）的概念發展，背後所隱藏的真相是什麼？感性，它是一種媒介的概念，將感覺指定為認知來源和機關。但感覺並非優勢的，也甚至不是主要的認知器官。它們的認知功能

---

12 Baumgarten, "Aesthetik", ed. Bernhard Poppe, in *A. G. Baumgarten* (Bonn, Leipzig, 1907) S1, see also p.44 "Meditationes Philosophicae", S115。

13 Baumgarten, "Aesthetik", p.42。

14 同前註，p.57。

15 Baumgarten , *Aesthetik*, Vol. I (Frankfurt a/O. 1750), S14。

是與它們的欲求功能（肉慾）混在一起的；它們是愛欲感知的，並且受到快樂原則支配。這種認知和欲求功能的融合導致了感性的混亂、低下和被動特徵。這並不與現實原則相互契合，除非它被智性概念化的活動，也就是理性支配並加塑造。而且，一旦哲學接受了現實原則的規則和價值，擺脫了理性統治的感性要求就無法被哲學所認可。感性經過了巨大的修正，才在藝術領域中得以維持。藝術的真理即是解放感性，它是透過感性和理性協調產生的。這是古典理想主義美學。

在藝術中：

> ……思想被物質化了，且物質並非被思想從外部決定著，而是自然、感覺、戀慕具有它們自己的測定、目的和和諧。它本身是自由的。當感知和感受提升了精神的普遍性。思想不只放棄了它與自然的敵對抗拒，更是在自然中的自在享受，感覺、歡愉和快樂被擁護及認定。因此自然和自由，感性和理性，在它們的統一性中得到權力和滿足[16]。

---

16 Hegel, *Vorlesungen über die Aesthetik*, Vol. I, Introductio; *Sämtliche Werke*, ed. Herrmann Glockner (Stuttgart, 1927), X, 95. *The Philosophy of Fine Art*, transl. F. P. B. Osmaton(London: G. Bell and Sons, 1920), , I, p.83。

藝術挑戰了理性的主流原則：在代表感性秩序時，它使用了一種禁忌的邏輯——也就是對抗壓抑用的滿足邏輯。在昇華的美學形式背後，出現了未昇華的內容：也就是藝術對快樂原則和服從[17]。對藝術的愛欲根源探索在精神分析中相當重要；然而，這些根源來自藝術的作品和功能中，而非藝術家。美學的形式就是感知的形式——是由**感性的秩序**所組成的。如果將感知—知覺的「完美化」定義為美，這種定義仍抱持著與本能滿足的關聯性。美學的快樂仍是快樂的，但感性起源卻是「被壓抑的」，且它的滿足是存在於目標物的純粹**形式**中。感受的非概念性真理作為美學的價值，它是被擁護的。而且，在現實原則中的自由，是由創造性想像的「自由遊戲」所給出的。這裡，一種全然不同標準的現實被認可了。然而，因為這個另類的、「自由」的現實來源於藝術以及藝術美學態度經驗，它沒有用普通的生活方式去服從和參與人類生存，所以它是「不現實的」。

席勒取消了美學功能昇華的傾向，這是來自於康德的立場：正因為想像是心理的重要官能，正因為美是「人類的一種必要條件」[18]，美學功能才得以在重塑文明時扮

17 Otto Rank, "The Play-impulse and Pleasure", in *Art and Artist* (New York: Alfred Knopf, 1932)。

18 Schiller, *The Aesthetic Letters*, p.46。

演重要角色。當席勒這麼寫的時候，這種重塑的必要性似乎很明顯了。赫爾德（Herder）和席勒、黑格爾和諾瓦利斯（Novalis）幾乎相同地表達了異化概念。當工業化社會在操作原則下開始成形，其中固有的否定性貫穿在哲學分析中。

……享受是與勞動分開的，意圖則和目的分離，努力與報酬分離。恆常的束縛只是整體的一個小片段，人類只用一種碎片塑造它自己；永遠只能聽見他運作的那單調的齒輪轉動聲，他將永遠無法發展存在的和諧性。而且，他不去塑造他天性中的人性，反而只成為了他的職業、科學中的一個印記。[19]

因為這是文明自己「造成現代人這種創傷」，因此也只有一種新模式的文明能治癒它。這種創傷是來自於人類存在於兩種極端之間的對立關係。席勒用一系列概念去形容這樣的對立性：感性和理性，物質和形式（精神）、自然和自由、特定和普遍，每個對立面都受到基本**衝動**的控制：「感受的衝動」和「形式的衝動」[20]。前者主要

---

19 同前註，p.22（譯文稍作更改）。

20 同前註，p.53。

是被動的、接受的，後者則是主動的、控制的、支配的。文化就是在這兩種衝動的結合和互動中被建立的。但是，在已建設好的文明中它們之間的關係就變成對立的了：它們沒有透過感性的合理化與理性感性化去調和兩邊的衝動，文明反而讓感性去服從理性。它透過讓感性用破壞且「野蠻的」形式自我伸張，然後理性的專橫就會讓感性變得荒蕪和粗鄙。如果人類想要自由地實現潛能，這種衝動就必須被解決。由於只有衝動才具有對人類存在產生根本影響的持久力量，而這兩種衝動間的衝突又必須經由第三種衝動去調和，席勒把這第三種中介衝動定義為**遊戲衝動**。它以美學為對象、以自由為目標。傳統解釋原本限縮在仁慈的美學行為中，現在，我們要試著恢復席勒所有的主張內容。

我們的訴求是找到「政治」問題的解決辦法：在非人性化的存在條件中解放人類。席勒論述道，為了解決「政治」問題，「人們必須透過美學，因為能帶來自由的就是美」。遊戲衝動是這種解放的媒介，這種衝動的目的並非去「和」什麼一起玩；而是生命本身的遊戲。它超越了需求和外在強迫性——也就是一種沒有害怕和焦慮的表現，於是就表現出自由本身。人類只有在擺脫外在與內在、身體與道德——也就是當他不被法律，也不被需求約束時，才是自由的[21]。但這些約束**就是**現實。於是自由，在嚴格意義下，是擺脫已建立的現實的那種自由：當「現實喪失了其重要性」，並且當需求「變得輕盈」（德文 leicht）[22]，則人就是自由的。「極端的愚蠢和極端的聰明具有某種相似性，就是它們都只尋求**現實**」，然而，這種對現實的需求和依附「不過就是需求的結果」。相反的，「對現實漠不關心」且對「展現」（德文 Schein）的興致，則是擺脫需求和一種「真實發揚人性」的代表[23]。在一種真正和諧的文明當中，人類的生存將是一種遊戲，而不是一種苦役，且人類會生活在展現當中，而不是活在需求裡。

這些概念代表了其中一種進階的思想狀態。我們必須理解，這裡所設想的從現實解放，它不是超驗性的、也不是「內在的」，也並非只是「純粹理智上的自由（就像席勒所明確強調的）[24]，而是在現實**當中**的自由。那個所謂「失去重要性」的現實指的是缺乏和需求構成的非人道現實，而當缺乏和需求能在沒有異化勞動的狀態下被滿

21 同前註，pp. 70-71,96。
22 同前註，p.71。
23 同前註，pp.130-131。
24 同前註，pp.93, 140, 142。

足時，它就失去了重要性。然後，人類就能夠用他的官能和潛能，以及用那些天性自由地「遊戲」，且只有透過這樣的「遊戲」，他才是自由的。他的世界於是就變成一種展現，且世界的秩序是美的秩序。因為這是對自由的實現，所以遊戲就**不只**是身體和道德的約束性現實：「……人類只會重視合宜的、善的、完美的；且他是與美一起遊戲。」[25]如果遊戲的領域是在另一種壓抑世界中等於裝飾、奢華、渡假的其中一種，那上述的狀態就變成不負責任的「唯美主義」。但是這裡美學功能被設想成支配全人類生存的原則，且它只有成為「普遍化」才能支配全體。美學文化預設了一種「感知和感受的徹底革命」。[26]且只有當文明達到最高程度身體與智慧的成熟時，這種革命才成為可能。只有在「對需求的約束」由「對過剩（豐富）的約束」所取代時，人類生存就被推向一種「本身即是目的和方法的自由行動當中」[27]，從痛苦的目的以及因缺乏造成的必要操作中解放，人類將會恢復到「能自由成為他本應所是」。[28]但「本

25 同前註，p.72。
26 同前註，p.138（譯文更改）。
27 同前註，p.140（譯文更改）。
28 同前註，p.100。

應所是」就是自由本身：遊戲的自由。心理官能是用**想像**在運作這種自由的[29]，它探索並投射所有存在潛能；從約束性材料的奴隸中解放出來，它們是以「純粹形式」呈現，像這樣，他們建構出自己的秩序，它們依照美的規則而存在著。[30]

遊戲衝動一旦成為一種文明原則並盛行起來，它就真正改變了現實。自然、目標世界會先被經驗到，但不是以統治人類的形式（像原始社會那樣），而是作為「沉思」的對象[31]。在這種基本經驗和經驗塑造的轉變，讓經驗的對象本身也發生改變：它從統治的暴力和破壞性中解脫，並被遊戲衝動所塑造，自然也同樣從它本身的野蠻中解放出來，並且自由地展示它無目的性的富足形式，這種形式表現了其對象的「內在生活」[32]，然後一種相對應的改變將發生在主觀世界。在這裡，同樣地，美學經驗將會阻止使人類成為勞動工具的生產性，那粗暴的破壞力。但它並不會倒退回痛苦被動的狀態，它的存在將依然是主動的，它「不再為了持有或生產而背負奴役的痕跡，它的

29 同前註，p.133。
30 同前註，p.111。
31 同前註，pp.115, 123。
32 同前註，p.114。

目的不再被恐怖地設計著」[33]。超越了缺乏和焦慮，人類活動成為一種**展現**——一種潛能的自由表現。

在這個觀點上，席勒概念中的破壞性被注意到了。他將人類的病症診斷為兩種人類衝動間的衝突（感性衝動和形式衝動），或者更像是針對這種衝突的暴力解決法：即理性征服感性的壓抑性暴政。結果，對這種衝動衝突的協調，就涉及了對這種暴政的排除——也就是說，恢復感性的權力。自由能在對感性的解放中找尋，而並非在理性之中。而且，自由在「高階」官能中是受限的，在「低階」官能中有利找尋自由。換句話說，對文化的救贖涵蓋了對壓抑性控制的廢止，而這種壓抑性控制是強加在感性上的。這確實是《美學教育》（*the Aesthetic Education*）一書內涵的概念。它的目標是在於將道德基礎建立在感性的原因上[34]，理性的規則應該與感性的興趣相調和[35]，控制性形式衝動應該被抑制：「感性必須被成功地維持其領地，並抵抗精神（德文 Geist）侵占的活動所強加於感性之上的暴力。」[36]的確，如果自由成為支配文明的原

---

33 同前註，p.142-143（譯文更改）。

34 同前註，p.10. Weiss 在這裡將 sinnliche 並非翻譯作「感性」而是「明智的」。

35 同前註，p.67。

36 同前註，p.63。

則，那就不只有理性，「感性衝動」同樣需要一種約束性的改變。額外釋放的的感性能量必須符合普遍的自由**秩序**。然而，無論規定感性衝動的是哪一種秩序，它本身都必須是「一種自由的運作」[37]，自由個體本身必須實現個人與普遍滿足之間的和諧，在真正自由的文明中，所有規定都是個體自己給出的：「透過自由給予自由，這是美學狀態的普遍規則。」[38]在真正自由的文明中，「整體意志」只有「透過個體的自然狀態」才能實現它自己[39]。只有透過個體的自由滿足，秩序即自由這件事才能被找到並被維持。

但是，對滿足的持久性最具破壞力的敵人是**時間**，那是內在的有限性，也是所有條件的短暫性。人類全然解放的概念因而勢必要包含對抗時間的前瞻性。我們已經看到奧菲斯和納西瑟斯的形象象徵對消逝的反抗，對阻止時間之流進行絕望的努力——這是快樂原則保守的天性。如果「美學狀態」真的成為自由的狀態，那麼它最終必定擊敗了時間的破壞性進展，唯有如此才可作為非壓抑性文明的象徵。於是席勒將「在

37 同前註，p.63。
38 同前註，p.145。
39 同前註，p.145。

時間中廢除時間」的功能、存在與生生之流間的彼此調和、改變與特性間的調和，全都歸在解放的遊戲衝動中[40]。這是人類進步到最高形式文化時所要面臨最極致的任務。

席勒的作品所重視的理想主義和美學昇華不能夠抹煞它激進的涵義。榮格認出了這種涵義並感到驚愕。他警告說，遊戲衝動的規則會帶來「壓抑的釋放」，而這意味著「對迄今為止最高價值的貶低」，是一種「文化的災難」——簡單來說，就是「野蠻」[41]。比起榮格，席勒本身很顯然地，他並不傾向於將壓抑性文化定義為文化，它似乎想要接受壓抑性文化成為災難的風險。而且，如果這將產生更高的文化，他將貶抑其價值。它充分注意到，在第一個自由展現中，遊戲衝動「將很難被辨識出來」，這是因為感性衝動將不斷地用「原始欲望」去干預它[42]。然而，他認為這種「野蠻」的發生將不會出現在新文化中，且只有一種「飛躍」能將舊文化帶向新文化，他並不在乎社會結構上的災難性文化，因為那與這種「跳躍」有關：它們超越了理想主義哲學的限制。但朝向非壓抑性秩序的改變清楚地在他的美學概念中闡明。

40 同前註，p.65。
41 Jung, *Psychological Types*, transl. H. Godwin Baynes (New York: Harcourt, Brace, 1926）, p.135。
42 Schiller, *The Aesthetic Letters*, p.142。

如果我們將主要的元素重新概括來看，會發現：

一、苦役（勞動）到遊戲的轉變，以及壓抑性生產力到「展現」的轉變——在轉變之前，必須先征服作為文明決定因素缺乏感（匱乏）[43]。

二、感性（感性衝動）的自我昇華以及理性（形式衝動）的降低，是為了調和兩種基本對立的衝動。

三、對時間的征服，是由於時間對持久滿足的破壞性。

這些元素幾乎和那些調和快樂原則和現實原則的元素完全相同，我們回顧構成遊戲和展現中想像（幻想）的那些規則：想像保留了那些心理過程的目標，這些心理過

43 在生物學的基礎上，根據遊戲去定義人類自由的意圖是從 Gustav Bally, *Vom Ursprung und den Grenzen der Freiheit* 一書中提出的（Basel: Benno Schwabe, 1945），特別是在頁 29 以下，頁 74-75。他從擺脫本能主控中，看見了自由維度。人類不像動物那樣，有被本能決定的必要性：人有一種鬆動場（德文 entspanntes Feld）——一種範圍（德文 spielraum），使他們「能和本能目標保持距離」，和這些目標遊戲，於是就能和他們所處的世界遊戲。這種和本能目標保持**距離**的態度讓人類文化成為可能。Bally 的概念很接近席勒，但 Bally 是倒退而席勒是進步的。席勒遊戲的自由是來自於本能解放；Bally 的概念則是「與本能對抗的相對自由」（p.94），是抵抗本能需求的自由。難怪，因為這樣，對自由新的解釋就變成舊自由的放棄，否認舊自由的誘惑，變成綑綁自己的「勇氣」，變成自我—壓抑的力量（p.79），然後，非常一致的，最終且真實的自由，也就是「擺脫焦慮和死亡」，則被指責為一種錯誤和「令人懷疑」的解放（p.100）。

程在壓抑性現實原則中保有自由；在它們的美學功能中，它們是能夠被納入成熟文明的意識合理性的。遊戲衝動代表了這兩種對立心理過程和原則的共通點。

還有另外一種元素，它將美學哲學和奧菲斯與納西瑟斯形象連結起來：主觀與客觀、人和自然相互和諧的非壓抑性秩序觀點。奧菲斯象徵詩歌之神，它打敗死亡並解放自然，所以讓被壓抑與壓抑物釋放出有生命與無生命物的美麗和遊戲式的形式，不再「為了某種想要達到的東西」而奮鬥或渴求[44]。他們擺脫了害怕和束縛的形式——所以它本身就自由了。納西瑟斯的沉思處在圍繞著美的愛欲中，他拒絕任何其他的活動，而將他自身與自然不可分割地結合起來。同樣的，美學哲學設想非壓抑性的秩序，讓人內部與外部自然自由地受「規律」影響著——這裡指的是展現和美的規律。

非壓抑性秩序本質上**富足**的規律：必要約束的是「多餘的」而不是「缺乏的」。只有富足的秩序和自由是相符合的。在此觀點上，理想主義和唯物主義的批判性相互交流了。它們都同意非壓抑性秩序只有在最高度成熟的文明中才成為可能，而且是當所有基本需求都在最小限度的時間當中、以最小限度耗費的身體和心理能量被滿足

---

44 "…um ein endlich noch Erreichtes"(Rilke)。

時，才成為可能。對自由觀點主張的反抗是屬於操作原則的規則，他們將自由保留給新的生存模式，這種模式是基於普遍生存需求的滿足，這是自由的領域。這種領域被設想成超越需求的領域：自由並不是在「生存奮鬥」之中，而是在其之外。擁有並獲得生存必需品是自由社會的前提條件，而非內容。必要的勞動領域，之所以是一個不自由的領域，那是因為身在其中的人類是被目標與功能所決定的。這些目標和功能並不屬於他們，所以他們並不被允許身而為人的感官和渴望的自由遊戲。這個領域的最優化因而被合理性的標準定義，而不是被自由的標準——意即，組織生產力和分配的方式，是用花費最少的時間去讓社會所有成員都有可用的必需品。必要的勞動本質上是一系列的非人工的、機械化和常規活動；在系統中，個體性不會成為它本身的價值與日常。合理地，社會勞動系統將抱持著時間與空間的保留給個體性這樣的觀點被組織起來，且是在必要的壓抑工作世界之外進行的。遊戲和展現作為文明的原則，它所影響的不只是勞動的改變，更是使勞動完全附屬於自由的、不斷發展的人類與自然潛能。遊戲和展現的理想如今揭示了它們與生產力價值和操作原則之間的遙遠距離：遊戲是**非生產性**且**非利用性**的，這恰恰是因為它取消了壓抑和破壞性的勞動與閒暇特徵：它和現實「只是遊戲」著，但它同樣取消了它的昇華特徵——也就是「更高的價值」。在自由文化出現的過程中，理性的反昇華作用和感性的自我昇華是同等重要的。在統治建立好的系統中，理性的壓抑性結構以及感覺——官能的壓抑性組織彼此互補並維持著。以佛洛伊德的說法：文明道德**即是**壓抑本能的道德；壓抑性本能的釋放意味著對文明道德的貶低，這可能將帶著文明從它們被分裂之處回到人類生存的有機結構上，且這種再度統一性可能會改變這個結構本身。如果這些較高的價值喪失了它們對抗低階官能的偏僻性和孤立性，那麼這些低階官能就能被文化所影響。

第十章
性慾轉變成愛欲

我們從神話和哲學的邊緣傾向中，提出了非壓抑性文化的觀點，目的是在本能和理性之間找到新的關聯性。文明中的道德被本能自由與秩序間的和諧性所反轉：本能從壓抑理性的獨裁中解放，將朝向自由和持久存在的關係邁進——它們產生了一種**新**現實原則。在席勒的「美學狀態」概念中，非壓抑性文化在成熟文明中實現了。在這個概念裡，本能組織化變成一種社會的問題（在席勒的術語中，稱之為**政治問題**），這就像佛洛伊德的精神分析理論所表達的那樣，自我和超我的創造過程同樣塑造了特定的社會性機構與社會性關係。這種精神分析的概念，例如昇華、自我認同和內攝不只具有精神方面的內容，更具社會方面內容：它們最終達到一種系統狀態，這種系統是由將人作為客觀實體的機構、法律、媒介、物品和風俗所構成的。在這種拮抗性質的系統中，自我與超我之間、自我與本我之間的心理衝突，也同樣是自我和他所屬社會之間的衝突。社會體現了整體的合理性，而個體抵抗壓抑力量的掙扎就是抵抗客觀理性的掙扎。所以，非壓抑性現實原則的出現將涉及本能的解放，這將使得文明合理性所能達到的理性的**倒退**。這種倒退是精神性也是社會性的：它將重新喚起原欲的早期階段，這個階段是在發展現實自我的時候被壓抑的，且它將瓦解現實自我所生存的社會機構。對這些機構來說，本能解放就是脫序到野蠻狀態。然而，在最高度的文明中發生的，並非是戰敗於生存的掙扎中，而是戰勝。而且這種解放受到自由的社會支持，將會帶來非常不一樣的結果。它依然是一種文明過程的倒退、一種文化的顛覆——但這卻發生在文化完成了使命並創造了自由的人性和文化**之後**。它仍然是倒退的——但卻是依照成熟的意識，並受到新的合理性指引。在這些條件下，將不會是在進步的阻礙上去預設壓抑性文明的可能性，而是在進步的解放上——這麼一來，人類將依照它所有的知識去掌管自己生命，如此，他將能夠再度提問何為善、何為惡。如果自人類統治人類的文明所累積來的罪惡永遠都能被自由贖回，那麼，就必須再犯一次「原罪」：「為了退回純真狀態，我們必須再吃一次知善惡樹的果實。」[1]

非壓抑本能秩序的主張必須先從所有本能中最「無序」的本能作測試——也就是性慾。只有在改變後的生存與社會條件下，性本能憑藉它自己的動力，非壓抑的秩序才能在成熟個體之中產生持久的愛欲關係。我們必須提問，性本能是否在受到所有額外壓抑限制之後，仍可能發展一種「原欲的合理性」。這種合理性並不只是與文明並存，它甚至可以促使文明朝向更高形式的進展。在這裡，我們將用佛洛伊德自己的理

1 “Wir müssen wieder vom Baum der Erkenntnis essen, um in den Stand der Unschuld zurückzufallen”, Heinrich von Kleist, “*Ueber das Marrionettentheater*”, 結論部分。

論去考察這種可能性。

我們之前曾重申過佛洛伊德的理論，那就是即使在最樂觀的條件下，任何社會控制的真正減少，它都會使性慾組織倒退回文明前的階段，這種倒退將打碎操作原則的主要堡壘：它將撤銷那將性慾導向成一夫一妻制和性反常禁忌的正軌。在操作原則的規則下，原欲貫注至個體身體和原欲關係通常侷限於閒暇時間之內，並朝向生殖器性交的準備和執行方向；只有在例外的狀況或高度昇華中，原欲關係才被允許進入工作領域。這種約束是受到強迫的，來自於能量和時間更大量的需求，為的是進行非滿足的勞動。維持身體去性慾化，是為了將有機體進入社會利用性操作中的主—客體之內。相反地，如果工作日和能量減到最少，且沒有與自由時間相對應的操控，則這種約束的來源就被破壞了。原欲將被釋放，且將擴散出現實原則所把持的機構化限制範圍。

佛洛伊德一再強調，文明賴以生存的持久人際關係，將性本能作為抑制的目標[2]。文明要求愛，以及長久和負責任的關係，會在性慾與「戀慕」的匯合處被找到。

---

2 *Collected Papers* (London: Hogarth Press, 1950), IV, 203ff; *Group Psychology and the Analysis of the Ego* (New York: Liveright Publishing Crop., 1949), pp.72, 78。

這種匯合是一種長時間且殘忍馴化過程的歷史結果。在這個馴化的過程中，本能合法的表現被營造成至高無上的東西，它其中的組成分卻都在發展中受到阻滯[3]。這種性慾的文化加工、性慾朝向愛的昇華，都發生在文明中。它建立私人擁有的關係，這種關係與社會所有關係在關鍵點上相互衝突並分離。儘管在私有家庭之外，人類的存在主要受他們的產品和表現價值交換性來決定的，但神聖的精神和道德律法滲透仍滲透進入他們家庭和床第的生活。人類應以其自身為目的，而非只作為工具，這種意識形態不是在社會功能方面，而是在個人隱私方面有效，不是在勞動領域，而是在原欲滿足領域有效。全部文明道德的力量都動員起來去對抗只將肉體作為一種使用對象、方法、快樂的工具；這種物化是被禁止的，它只在聲名狼藉的出賣信仰者、腐朽之人、墮落之人中被保留。但恰好是這種肉體的滿足，且特別是性慾方面的滿足，讓人類變成了更高的存在、服從更高的價值，性慾被愛所加冕。在非壓抑現實原則的出現下、在額外壓抑的必要性被操作原則撤銷時，這個過程就被翻轉了。在社會關係中，當勞動的分配在自由發展個體所需的滿足上被重新安排，物化將減少；然而，在原欲關係

3 *Collected Papers*, IV, 215。

中，對物化身體的禁忌也被減少，身體不再作為全日的勞動工具，而將被重新性慾化。在這種原欲鬆弛狀態中的倒退性，將首先表現在所有愛欲區的重新活化，最後也表現在前生殖器期多形態性慾的再活化，以及生殖至上導致衰退的肉體全然地成為一種貫注目標，成為一種被用來享受的器皿——也就是快樂的工具。這種原欲關係在價值與程度上的轉變將導致一種機構化的解體，這種機構是由私人關係組成的，特別是一夫一妻制和家長專制的家庭。

這些氛圍似乎證明了一種預測，那就是本能解放只會帶來一種性狂熱的社會——也就是，將沒有社會了。然而，我們方才指出的過程不只單純涉及釋放，還包含原欲的**轉變**（transformation）：從生殖至上的性慾約束到整體人格的愛欲化，這是一種原欲的擴散而非一種爆發——一種私人向社會關係的發散。這將使兩者之間被壓抑性現實原則維持的斷層連結起來。這種原欲的轉變將會造成一種社會性的轉變，這將會釋放個體需求與個體官能的遊戲。憑藉著這種條件，轉變後的原欲自由發展**超越**了操作原則的工具性，它與在這些機構統治下釋放的性慾約束具有本質上的區別，後者是**受壓抑**性慾的大爆發；原欲持續背負著壓抑的標誌，並在猙獰的形式中表現它自己，像在文明中眾所皆知的那樣；在絕望群眾、「社會菁英」、傭兵的飢渴之手、在囚犯與集中營警衛中；那是施虐狂與受虐狂的狂歡，本能約束的根基是被強化而非被削弱的；結果，它一再被用來作為壓抑性政策的支柱。相反地，轉變後的原欲自由發展是在轉變後的機構之內。前面受到禁忌的愛欲化身體區域、時間和關係，其性慾表現將會有**更多的**縮減，這是由於性慾整合進入更巨大的秩序當中，包括工作的秩序。在這樣的狀況下，性慾將傾向它本身的昇華：原欲將不只是簡單地重新活化前性慾階段和嬰兒階段，而是一併轉變這些階段的反常內容。

反常這個詞指的性慾現象在根源上有本質的不同，這是與文明相悖的本能表現，以及與壓抑性文明之間的那些相悖性。尤其指一夫一妻的生殖至上，與之相悖的都將被禁止。然而，在本能歷史動能之內，例如嗜糞癖和同性戀，它們具有非常不同的作用與功能[4]。一種類似的相異之處出現在一樣的性反常行為之內：原欲關係與希特勒祕密警察部隊中，虐待狂的功能並不一樣。性變態行為中的不人道、強迫、控制和破壞形式似乎都涉及壓抑性文化中人類生存的普遍性反常。但性反常行為具有一種本能上的性質是不同於上述情形的，且這種性質將以其他與高等文明常態形式契合的形式

4　參見本書第二章。

展現自己。並非所有本能組成部分與階段，都因為迴避了人類與人類進化，而遭受到這種命運。操作原則所需要的忠誠、規律、乾淨和生殖並非自然而然地屬於那些成熟文明。而且重新燃起歷史前和童年的願望與態度也並不是必要的倒退性，可能是相反的——可能較接近那個總是受到壓抑的快樂，也就是對更好未來的承諾。佛洛伊德最成熟的論述之一，曾將快樂定義為「一連串前歷史願望的滿足。這正是為什麼財富帶來的快樂這麼少：錢財並不是童年所希望的[5]」。

但是，如果人類快樂仰賴童年願望的實現，那麼根據佛洛伊德的說法，文明就仰賴於遏止童年最強烈的願望：那就是伊底帕斯願望。但在自由文明對快樂的實現中，這種遏止是否仍必要？亦或者，原欲的轉變同時吞沒掉伊底帕斯情形？在我們的假說內容當中，這種推導過程並不重要；伊底帕斯情結，雖然是精神官能衝突的主要來源和模式，但它確實不是文明中不滿的主要來源，也並非撤銷這些不滿的主要障礙所在。甚至是在某種壓抑性現實的規則下，伊底帕斯情結「消失了」。佛洛伊德發展出兩種「伊底帕斯情結消逝」的解釋：一種「是由於它很少成功所以熄滅掉了」；另一

5 Ernest Jones, *The Life and Work of Sigmund Freud,* Vol. I (New York: Basic Books, 1953), p.330。

種「是因為瓦解的時間到了，就像當恆齒開始向前擠壓時，乳牙就脫落了」[6]。上述兩種情結消逝的情況，都呈現出某種「自然」條件。

我們曾經提到**性慾的自我昇華**（self-sublimation of sexuality），這個詞意味著性慾在特定的條件下，能夠創造出高度的人類關係，而不再作為之前文明強加到本能上的壓抑性組織化目標。這種自我昇華預設的歷史進展超越了操作原則的機構，然後操作原則機構又反過來導致本能的倒退。對本能的發展而言，這就代表了為生殖服務的性慾倒退回「由身體各區塊獲得快樂」的性慾[7]，隨著這種對性慾主要結構的恢復，生殖功能的至高無上就解體了——連帶伴隨這種至高無上的身體去性慾化也一起瓦解。全部有機體都成為性慾的基質，與此同時，本能目標不再專注於特定的功能——意即，「將一個人的生殖器與另一相反性別的人連結」[8]，本能領域和本能目標擴大成為有機體本身生命，這種過程幾乎透過內在邏輯自然發生，意味著性慾轉變為愛欲的概念。

6 *Collected Papers*, II, 269。

7 *An Outline of Psychoanalysis* (New York: W. W. Norton, 1949), p.26。

8 同前註，p.25。

佛洛伊德後期所寫的愛欲導論，其動機的確被不同因素驅動：愛欲，作為生命本能，它意味著更廣大的生物學本能，而非更大程度的性慾[9]。然而，佛洛伊德並沒有嚴謹地區分愛欲和性慾，這不是偶然的，且他對愛欲一詞的用法（特別是在《自我與本我》〔*Ego and the Id*〕、《文明及其不滿》〔*Civilization and its Discontents*〕以及《精神分析綱要》〔*An outline of Psychianalysis*〕）意味著一種性慾本身擴大的意義。縱使佛洛伊德並未明確引述自柏拉圖，但其強調重點的變化很明顯：愛欲代表一種性慾在質與量的強化，且這種強化的概念似乎需要與之相應的昇華概念來的修正。佛洛伊德的概念參考了性慾在壓抑性現實原則下的命運，於是，昇華就意味著一種本能目標與對象的改變，「我們的社會標準於是成為基本要素」[10]，這個詞用在一系列的無意識過程，這些過程的共通點是：

> ……內憂外患的結果，導致對象—原欲的目標經歷了或多或少的完全偏移、修正和抑制。在絕大多數的例子中，新的目標與性的滿足是不一樣的，它是反性慾或無性

9 參見 Siegfried Bernfeld 和 Edward Bibring 在 *Imago* 中的文獻，Vols. XXI, XXII (1935, 1936)。同時也參考 p.137 以下。

10 Freud, *New Introductory Lectures on Psychoanalysis* (New York: W. W. Norton, 1933), p.133。

慾的[11]。

很大程度上，這種昇華的模式受特定社會需求所主宰，它無法自動推衍至其他的形式，而且是具有不同「社會價值標準」的較少壓抑性文明。在操作原則之下，原欲分化成實用的文化活動，昇華於是在一種具有前提條件的本能結構中運作。這種結構包含了功能性且世俗化的本能約束，它被導入一夫一妻制的生殖當中，並將大部分的身體去性慾化。昇華於是作用於這種已被處理過的原欲，以及它的占有性、剝奪性和攻擊性力量起作用。快樂原則的壓抑性「修正」發生在這種昇華之前，且這種昇華將壓抑性元素一併帶入社會實用的活動中。

然而，還有其他模式的昇華。佛洛伊德提及了目標—抑制的性慾衝動，這種衝動雖然與昇華衝動「密切相關」，但卻不需要被當成昇華來描述。「它們並沒有放棄它們性慾目標的方向，但內在的反抗阻止它們去接近這些目標；它們能夠在得到某種相

11 Edward Glover, "Sublimation, Substitution, and Social Anxiety", in *International Journal of Psychoanalysis,* Vol. XII, No. 3 (1931), p.264。

近的滿足時就罷手。[12]」佛洛伊德將它們稱作「社會本能」，並以「父母和孩子間的戀慕、對友誼的感覺，以及原本是性吸引力的婚姻中情感鍵結」作為例子。而且，在 *Group Psychology and the Analysis of the Ego* 一書中，佛洛伊德強調了社會關係（文明中的「共同體」）是源自於**非昇華性**（**unsublimated**）與昇華的原欲被綁在一起的這種推衍：「對女性的性慾之愛」，同「對其他男人去性慾的、昇華的，還有同性戀的愛」一樣，在這裡都表現為持久的、文化擴展的本能來源[13]。在佛洛伊德自己的作品中，這種概念非常不同於壓抑性昇華所衍生的文明概念，換句話說，文明的發展和維持仰賴原欲關係。蓋佐・羅赫伊姆（Geza Roheim）使用了費倫齊（Ferenczi）的「生殖原欲」概念[14]，用來支持他的文化原欲起源理論。原欲釋放了極端的張力，於是從目標物流回身體，且這種有機體的原欲「重新回流」將產生一種幸福感，身體器官將在工作中

12 Encyclopaedia article "The Libido Theory", reprinted in *Collected Papers*, V, 134。

13 見本書第三章。

14 Versuch einer Genitaltheorie (Leipxig: Internationaler Psychoanalytischer Verlag, 1924), pp.51-52。本書有英文版，由 H. A. Bunker 翻譯 (Albany: Psychoanalytic Quarterly, Inc., 1938)。

找到報償並去刺激更多的活動[15]」。這種概念呈現出一種「文化發展的非生殖原欲傾向」——換句話說，是一種原欲本身朝向「文化性」表達的固有趨勢，而並**沒有**外在的修正。且這種原欲中的「文化」趨勢，似乎是**非生殖**的，意思是，它**遠離**了生殖器的至高無上，朝向整個有機體的愛欲化。

這些概念差不多承認了壓抑性昇華的可能，剩下來的還有待推測。且誠然，在已建立好的現實原則下，非壓抑性昇華只能以邊緣與不完整的面貌出現；它完整發展的形式將會是去性慾化的昇華。本能並非從目標「偏移」；它滿足於某些活動和關係，那是沒有被「組織化」意義上的性慾，而且是原欲與愛欲的活動和關係。壓抑性昇華支配且決定了文化，但非壓抑性昇華必然在與全部社會實用性領域的矛盾處表現它自己。從這些領域看來，它是對所有生產力和操作的接受性進行否定。奧菲斯和納西瑟斯的形象再被喚起：柏拉圖讚揚奧菲斯的「溫柔」（他只是位豎琴演奏者），也正因

15 Róheim, *The Origin and Function of Culture* (New York: Nervous and Mental Disease Monograph No.69, 1943), p.74。在他的 *the Yearbook of Psychoanalysis* (Vol.I, 1945) 中的「昇華」這篇文章，羅赫伊姆強調，在昇華中「本我努力征服了被偽裝的領地」，於是，和現在的觀點相反……在昇華中超我沒有從本我那裏奪回任何領地（p.117）。此處強調的同樣是原欲在昇華中的**上升**性。

如此受到神的懲罰[16]——就像納西瑟斯拒絕「參與」一樣，在現在這種現實面前，他們遭受譴責：他們拒絕了昇華的要求，然而：

> 昇華並不全是渴望：它並非總是用昇華的形式去抵抗本能。它是可以為了一種理想而昇華的，於是納西瑟斯不再說：「我愛實際存在的自己。」他是說：「我實際存在，所以我愛我自己。」[17]

奧菲斯和納西瑟斯的愛欲在原欲的關係中吞噬掉現實，而這轉變了他們個人和周圍環境。但這種轉變是特殊個體的孤立行為，以及，這樣的他導致了死亡。就算昇華不再繼續**抵抗**本能，而是肯定本能，它仍然必然成為在共同基礎上的一種超越個體歷程。當它作為一種孤立個體的現象，自戀原欲的重新活化就不利於文化，而是精神官能方面：

---

16 *Symposium* 179 D。

17 原文法文。Gaston Bachelard, *L'Eau et les Rêves* (Paris: Jose Corti, 1942), pp.34-35。

精神官能和昇華之間的差別現象顯然在於社會層面，精神官能去孤立，而昇華則是去聯合。在昇華中創造新的東西——房子、團體或工具——且它是在群體中被創造或為群體用途而創造的[18]。

原欲只有作為一種**社會**現象，才能走上自我昇華之路：它作為一種非壓抑性的力量，只在特定條件下才能促進文化的形成。這條件涉及了彼此相聯合的個體們、培養他們所處的環境，以利發展的需要及發展的官能。多形態及自戀性慾的重新活化不再威脅文化，只要有機體不是作為一種異化勞動的工具而存在，而是作為自我實現的主體，它本身就能產生文化建設——換句話說，當社會實用工作能同時等同於某種個體明確需要的滿足時。在原始社會中，這種工作的組成可能是立即且「自然的」；在成熟的文明中，它只能用解放的文明去設想。在這種條件下，「從身體區塊獲得快樂」的衝動，可延伸為追尋持久和擴大的原欲關係目標。因為這種擴展性增加並且強化本能滿足，更甚者，愛欲天性無法被證明，這種衝動的「擴展性」侷限於肉體範圍內。

18 Róheim, *The Origin and Function of Culture*, p.74。

如果這種身體，如果這種身體和精神的相互拮抗性與分離本身就是壓抑的歷史性結果，克服這種抵抗將能為此衝動開啟精神領域。這個趨勢是被一種感受理性的美學概念所暗示著，它本質上與將精神領域變成愛欲「直接」目標的昇華不同，它仍然屬於原欲的對象：它是一種非能量亦非目的上的轉變。

愛欲和神愛畢竟是相同且相等的——不是說愛欲是神愛，而是神愛是愛欲——在神學存在了近兩千年後，這或許聽起來很怪，將柏拉圖視為這種等同性的擁護者似乎並不合理——是柏拉圖自己將愛欲的壓抑性定義引入了西方文化的門戶中。況且《會飲篇》包含了精神關係的性慾起源與性慾物質最明確的讚揚。根據迪奧蒂瑪（Diotima）的看法，愛欲衍生出一個美麗肉體對另一個美麗肉體的渴望，最好，是對所有美麗肉體的渴望。因為「一個身體之美類似於其他身體之美」，且「如果沒有認出所有身體的美都是同一類並且都是一樣的」是愚蠢的。在這種真正多樣化性慾之外，產生了讓渴望的身體生氣勃勃的東西：那就是精神和它多變的表現形態。從一個人到其他人的肉體之愛、到對美麗作品與遊戲之愛，最終到對美麗的知識之愛，這是一條愛欲實現所不間斷的上升路線，邁向「更高文化」之路要經過同性的真愛，精神的「生殖」和肉體生殖一樣，都是愛欲的作品，且城邦（Polis）正當的和真正的秩序，同愛的正當性和秩序一樣，都屬於愛欲的。愛欲有利於文化的力量**即是**非壓抑性昇華：性慾並沒有偏離或阻斷它的目標，而是在達成了它的目標之後，它超越這個目標並去追求更完整的滿足。

佛洛伊德將愛欲定義為「將生命物質塑造成更大的聯合，於是生命就可能延續並帶來更高的發展[19]」的一種努力。這個觀點在引用了非壓抑性昇華的概念後，增加了更多意義。生物驅動力就成為文化驅動力。快樂原則揭示了它自己的辯證法，愛欲的目標在於維持有機體作為快樂主—客體的身體整體，所以需要去強化它的接受力、增長它的感性，這個目標產生出它自己的實現計劃：對苦役的廢除、對環境的改善、對疾病與衰退的征服、創造令人享受的生活，這全部的活動都直接從快樂原則流出。並且，同時，由它們所組成的工作，是要將個體連結到「更好的團體中」；不再侷限在操作原則的軍事化統治當中，它們修正這些衝動，但不用偏移其目標，它存在昇華，且最後也會擁有文化；但這種昇華是在一系列擴展和持續的原欲關係中維持的，這種關係本身也是工作的關係。

19 Freud, *Collected Papers*, V, 135。

在精神分析中，這種愛欲朝向工作的傾向概念並不陌生。佛洛伊德評論說，工作提供一種「原欲組成衝動非常大的釋放機會。包括自戀、攻擊甚至還有愛欲[20]」。我們曾質疑這種狀態[21]，是因為它使得異化勞動與非異化勞動並沒有區別（勞動與作品之間沒有區別）：勞動是透過對人類潛能的絕對本質壓抑，於是同樣壓抑了「原欲組成衝動」，這種衝動會進入工作中，而此立場具有不同的意義。如果我們從佛洛伊德提出的 *Group Psychology and Analysis of the Ego* 內容來看的話，他提到「原欲以滿足生命重要需求作為本身的支柱，且將參與了這個過程的人們當作最優先的對象[22]」。若揭示這種主張的意義，就會很接近於消除佛洛伊德基本論述，也就是「為生存而掙扎」這件事（指的是「滿足生命重要需求」的掙扎）**本身**就是反原欲的，是因為它必須透過約束性現實原則對本能進行編制。必須注意到，佛洛伊德並非只將**滿足**與生命重要需求相連結，他甚至加入了人類**維持**滿足所作的努力，也就是，他加入了工作的過程：

20 *Civilization and Its Discontents* (London: Hogarth Press, 1949), p.34 note。

21 見本書第四章。

22 見本書第三章。

……經驗顯示，原欲與合作相連結的案例，規律地在工作夥伴關係中出現，他們延長並穩固彼此的關係，而使其不僅僅是利益關係。[23]

如果這是真的，那麼匱乏就不會是文明中本能約束的有效因素——也就不是拒絕非壓抑性原欲文化可能性的有效理由。佛洛伊德在 *Group Psychology and Analysis of the Ego* 一書中所暗示的內容，比起他將愛欲視為文化的建立者，還要多更多；文化在這裡成為愛欲的建立者——意思是說，成為愛欲最深層趨勢「自然的」實現。佛洛伊德文明心理學根基於匱乏與自由本能發展間無情的衝突，但匱乏本身卻成為原欲發展最主要的領域，這種矛盾的消散不只是因為生存掙扎不再需要去取消本能自由可能性（像我們在本書第六章介紹的）；更甚至是因為它構成滿足的「支柱」、以文明為基礎所塑造的工作關係，以及隨之而來的文明本身，將會被沒有去性慾化的本能能量所「支撐著」，於是整個昇華的概念搖搖欲墜。

現在，可以重新討論沒有（非壓抑性）昇華的工作和社會利用活動的問題了。這

23 同前註。

個問題表現為工作特性的變化問題，且是隨著工作與遊戲，也就是與人類自由遊戲官能的同化所產生的變化。這個轉變的本能前提條件是什麼呢？對這個問題的回答嘗試，影響最深遠的是芭芭拉．蘭托斯（Barbara Lantos）在她的文章〈Work and the instinct〉[24]所說的，她是按照與這些活動相關的本能階段去定義工作與遊戲的。遊戲完全服從於快樂原則：就活化愛欲身體區塊而言，快樂就是它本身的活動。「遊戲的基本特徵在於它本身的滿足性，沒有任何除了本能滿足之外的目的。」決定遊戲的衝動是屬於前生殖器期的：一方面，遊戲作為無目的的自體愛欲，以及作為那些部分已指向客觀世界的本能滿足。另一方面，工作以自身之外為目的——也就是以自我保存為目的。「工作是自我的積極努力……從外在世界獲得任何自我保存需要的東西。」這樣的兩者對比在本能組織和人類活動之間建立了一種共存性。

遊戲是它自身的目的，工作是自我保存的媒介。部分本能和自體愛欲活動。尋求部分的本能和自體愛欲活動並不會產生什麼暗地裡有其他後果的那種快樂；生殖活動

24 In *International Journal of Psychoanalysis,* Vol XXIV (1943), Parts 3 and 4, pp.114ff。

> 就是為了生育後代。性慾本能的生殖組織與自我本能的工作組織化之間具有某種共存性。[25]

所以，那些被標示為遊戲或是工作的活動，是在於其目的而非其內容[26]。本能結構的改變（例如從前生殖器階段到生殖階段），意味著一種**不需考慮內容**的人類活動在本能價值上的改變。例如，如果工作伴隨某種前生殖階段多形態的愛欲區塊重新活化，它將會傾向滿足自身而不需喪失**工作**內容。如今，它就恰好是那些多形態愛欲區塊重新活化，因而呈現了征服匱乏和異化的結果。經改變後的社會條件將隨之創造出某種使工作轉變成遊戲的本能基礎。在佛洛伊德觀點裡，維持滿足所作的努力越不受統治利益支配主導，則原欲越能夠以生命重要需求支撐自己。昇華和統治相連在一起了，且隨本能結構的改變，昇華的瓦解將同樣改變西方文明對待人和自然的基本態度特徵。

在精神分析的文獻中，原欲工作關係的發展通常歸因於「一般作為文化統治傾向

25 同前註，p.117。
26 同前註，p.118。

的母性態度[27]」。因而，它就被視為一種原始社會的特徵，而不是成熟文明的可能性。瑪格麗特・米德（Margaret Mead）對阿拉佩什（Arapesh）文化的解釋就完全聚焦於這種態度上：

> 對阿拉佩什而言，世界是一座需要被耕耘的花園。不是為了任何人自己、不是為了自誇和吹噓、不是為了囤積和獲利，而是為了讓薯類、狗、豬，以及大部分的孩子能夠生長。源自這種整體態度流淌而出的許多阿拉佩什特徵，老幼彼此沒有衝突、沒有嫉妒和妒恨的餘地，而強調著合作。[28]

這段引言最重要的是呈現出了對這個世界基本經驗上的不同：自然不是被用來統治或開發的，而是作為一種「花園」，這座花園能讓人類生長而自己同時也生長。正是這種態度，將人與自然經驗變成一種非壓抑性但仍具功能性秩序的參與。我們已經看到了，那些最歧異的思想傳統都屬於這類概念：那是抵抗操作原則的哲學性對立；

---

27 Róheim, *The Origin and Function of Culture*, p.75。

28 *Sex and Temperament in Three Primitive Societie* (New York: New American Library, 1952)，p.100。

同時是奧菲斯和納西瑟斯原型、美學概念。但是，儘管這種秩序的精神分析和和人類學概念被導向前歷史和前文明的**過往**，我們對這種概念的討論仍是導向**未來**的。性欲朝向愛欲的轉變，以及它向持久原欲工作的擴展，這裡所預設的是大型工業設備的核力應用，一種勞動的高度專業化的社會分化、對巨大破壞能量的利用，以及擴大民眾的合作。

在發展的工業社會中，原欲工作關係的概念很少在傳統思想中獲得支持，且這些支持似乎即將帶來危險的自然。把勞動轉變為愛欲是傅立葉（Fourier）宏偉的社會主義烏托邦的中心思想：

> 如果「工業是造物主給予我們的命運，誰能相信祂會希望強迫我們——而祂卻不知道如何帶來更高尚的意義——帶來一些誘餌給我們，而能讓工作轉為快樂呢？」[29]

傅立葉堅持這種轉變需要一種社會機構的完整改變：根據需求分配社會產品，依

29 原文法文。F. Armand and R. Maublanc, *Fourier: Textes Choisis* (Paris: Edition Sociales Internationales, 1937), III, 154。

照個人官能和志趣分發任務，功能不斷變換，縮短工時，諸如此類的。但有吸引力的工作（法文 travail attrayant）首先來自原欲力量的釋放。傅立葉認為有「**吸引力的工業**」（法文 attraction industrielle）其存在會帶來快樂的合作，它根源於人類天性中**熱情的吸引力**（法文 attraction passionnée）它在理性、責任、成見的反抗中仍堅持下來。這種**熱情的吸引力**傾向於三種原則目標：創造「舒適的生活，或是快樂的五感」；原欲共同體的塑造（友誼和愛情組合）；以及和諧秩序的建立，組織這些工作團體是符合個人熱情（那外在感官的「遊戲」）而建立的[30]。傅立葉比起其他空想社會學家更接近這種自由仰賴於非壓抑性昇華的闡述。然而，在他實現這種理想細節的藍圖中，他交付於一種巨大組織和行政，因此又保持了壓抑性的元素。法郎斯泰爾（phalanstère）工作共同體預示了「歡樂的力量」而非自由，是大眾文化的美化而非將其廢除。用自由遊戲組成的工作無法被行政管理客體化，而只有異化勞動能被合理的常規組織並管理。非壓抑性升華超越這種領域，但以此為基礎，而創造它自己的文化秩序。

我們再一次強調非壓抑性昇華完全不適用於操作原則的機構，並意味著對此原則

30 同前註，II, 240ff。

的否定。這種矛盾之所以越來越重要，是因為傅立葉後的精神分析理論本身就呈現出一種明顯的傾向：傾向於抹煞這種矛盾並用人類自我實現去美化壓抑性生產力。艾伍士・亨德里克（Ives Hendrick）在他的文章〈Work and the Pleasure Principal〉中提供了一個令人矚目的例子[31]。他認為並非是原欲提供「能量和需求去運作生理器官以作為工作之用」，而是透過一種特別的本能，也就是『征服本能』。它的目標在於控制，或改變一部分環境……是透過熟練的運用知覺，質性和運動技能。」這種「一體化和熟練的操作」是作為一種「有效率表現工作需求的心理和情緒經驗」[32]。因為工作而達到一種「本能滿足」而非一種本能的「暫時性否定」，工作在有效操作上「產生滿足」。工作的快樂來自於征服本能的滿足，但「工作快樂」和原欲快樂通常是重疊的，因為工作所帶來的自我組織化，「一般說來，且也許通常」同時用在額外的原欲張力釋放。[33]

一如往常地，這種對佛洛伊德理論的重述意味著某種倒退，雖然對任何特定本能

31 *Psychoanalytic Quarterly*, Vol, XII, No. 3 (1943)。
32 同前註，p.314。
33 同前註，p.317。

的假設都會帶來爭論，但對特定「支配本能」的假設則更嚴重：因為它破壞了佛洛伊德建立的全部「心理機制」結構和動力。而且，它透過將操作原則最具壓抑性的因素解釋成一種本能需求的滿足而抹煞了它。純粹且簡單的工作是現實原則主要的社會性表現，就工作取決於延遲和分化本能滿足而言（且根據佛洛伊德，它就是如此），它是與快樂原則相互抵觸的。如果工作快樂和原欲快樂「通常是重疊的」，那麼恰好現實原則的概念就變得無意義且多餘，如佛洛伊德所解釋的本能變遷頂多就是某種異常發展。即使將工作原則與現實原則作不同的規定（像亨德里克那樣）也無法挽救現實原則，因為現實原則如果不是支配工作，它在現實中就沒有東西能支配了。

確實，是有工作在身體器官「為工作之用」而熟練操作中產生快樂，但那會是什麼工作，和什麼樣的快樂呢？如果工作確實是在工作的活動之中而不是在之外，這種快樂必然是來自於身體的活動器官，以及身體本身，它活化愛欲區塊或將身體全然愛欲化；換句話說，它必定是原欲的快樂，在操作原則所支配的現實原則中，這種「原欲」工作是一種稀有的例外狀況，且僅能在工作世界的邊緣或外部發生—作為「嗜好」、遊戲或直接的愛欲狀態。正常種類的工作（社會實用職業活動）在現行的勞動劃分中，特定個體在工作中除了表現某種已被預訂的功能外，並**沒有滿足**他本身的衝動、需求與官能。然而，亨德里克並沒有注意**異化**勞動的事實，那正是在被決定好的現實原則下占主導地位的工作模式。當然，異化勞動可以「快樂」，打字員交出完美副本、裁縫師做出完美合身的服裝、美髮師修剪出完美髮型、勞動者完成了他被交辦的工作——這一切都在「完美地完成工作」中感到快樂。然而，這種快樂不是滿足於外加的（對報酬的預期）就是在某個正確的地方成為實用機制中有所貢獻的一員（這本身就是採取壓抑的）。無論哪一種，這些快樂都與主要本能的滿足無關，將生產線、辦公室和高度的操作與本能需求連結，就是將去人性美化成快樂。這也難怪亨德里克將一支軍隊的有效功能視為「人類表現他們工作效率意志的崇高檢驗」，但在這種軍隊中已不再具有「對勝利和快樂未來的幻想」，他的努力不為別的，只是因為那是士兵職責，且「從事這個職責是唯一還具有意義的動力。」[34]，說職責必須被完成是因為那是「職責」，這誠然是極致的異化，是本能與智性自由徹底的喪失——壓抑就成為了人類非次要，而是首要天性。

和這種謬誤相反，精神分析理論的真正精神存在於揭示生產力哲學背後反人性力

34 同前註，p.324。

量毫不妥協的努力。

在一切萬有當中，努力工作成為一種美德，而不是我們那遙遠祖先不斷警告的詛咒……我們的孩子必須這樣培育他們的孩子，使他們不必用神經質必要性那樣工作。工作的必要性是一種精神官能的症狀，它是一種安慰，傾向讓人本身感覺有價值，即使對他的工作並沒有特定需求。[35]

---

35 C. B. Chisholm in the panel disscussion, "The Psychiatry of Enduring Peace and Social Progress", in *Psychiatry*, Vol. IX, No.1 (1946) p.31。

第十一章 愛欲和死欲

在非壓抑性的條件中，性慾傾向「生長成」愛欲，也就是說，透過持久且擴展的關係（包括工作關係），進而強化並擴大本能滿足，好朝向自我昇華。愛欲竭力設法在一種永恆**秩序**中「永恆化」它自身。這種努力在必要性（necessity）領域中遭逢第一個抵抗。確實，世間的匱乏和普遍存在的貧窮能被有效控制而提升普遍自由，但這種控制似乎是自我推動的，也就是持續進行的勞動。所有科技進步、對自然的征服、人和社會的合理性都無法減少異化勞動和其必要性，也就是那種機械化地、不快樂地、用沒有呈現出自我實現的方式工作之必要性。

然而，逐漸進展的異化本身增加了自由的潛能，因為必要勞動越外在於個體，個體就越不會陷落於必要性的領域當中。從統治的要求中解脫，勞動時間的減量將造成人類生存的質變：自由而非勞動時間，將決定其內容。擴展後的自由領域變成真正的遊戲領域，變成了個體官能自由遊戲的領域。在獲得解放之後，它們於是產生出新的現實形式，以及新的探索世界形式，而這些形式反過來重塑必要性的領域，也就是為生存而掙扎這件事。人類生存的這兩種領域關係的變化，將改變何為渴望、何為合理；改變本能和理性之間的關係。隨著性欲轉變為愛欲，生命本能發展它自己的感性秩序。就保護和豐富的生命本能而言，理性理解並組織必然性的程度也變得感性。美學經驗再造的這種功能，其根源——不僅是在藝術家自己之內，而是生存掙扎本身呈現新的合理性。操作原則規則所持有的理性壓抑不再屬於必然性領域，在操作原則之下，性本能的滿足大部分仰賴理性的「懸掛」（suspension），甚至是意識的「懸掛」，也就是短暫地（合法且隱密地）忘卻私人和普世的不幸，中斷生活、中斷地位和職務所帶來的職責和尊嚴。如果存在非壓抑性和非控制性，那麼快樂幾乎是被非合理性地定義。相反地，超越操作原則，本能滿足越是在意識層次上需要自由合理性的努力，則它就越不會成為強加壓迫合理性的副產品。本能發展越是自由，則它「保守的天性」就會更自由的表現自我。對持久滿足的努力不只是為了建立擴展的原欲關係秩序（「共同體」），更是讓這種秩序更高程度地持續下去。快樂原則延伸至意識層次，愛欲用它自己的話語重新去定義理性，合理性支持著滿足的秩序。

直到為生存而掙扎變成為了個人需求的自由發展和滿足而合作，壓抑理性就讓位給滿足的新**合理性**，這使得理性和快樂匯合了，它創造出自己的勞動分配、它自己的優先順序、它自己的分層制度，操作原則的歷史遺產是管控，這不是人的歷史遺產，而是物的：成熟文明的功能仰賴大量的協調安排，這些安排的另一面必定伴隨被認同和認同的權威性。分級制度的關係本身並非不自由的；文明依靠大範圍的合理權威，以知識和需求為基礎，且目的在於生命的保護和保存，這就是工程師、交通警察、飛行中的飛機駕駛員等權威。我們再一次重新回到壓抑與額外壓抑的區分裡，如果，一個孩子依照自己的意志，而任何時候穿越馬路時都感受到某種「需求」，那麼對這種「需求」的壓抑並不會壓抑人類潛能，還可能正好相反。但想要在文化工業的娛樂供應中「放鬆」這本身就是壓抑的，而對這種放鬆的遏制則是往自由邁向一步。壓抑變得如此有效是因為，對壓抑而言，它被認為是自由（虛幻）的形式，而對這種自由的廢除容易被看作是極權主義。在這裡，古老的衝突再度發生；人類的自由並不只是一種私人事情——但除非它**同時**是私人的事情，否則它將什麼都不是。一旦隱私必然不再遠離或對抗公共存在，個體的解放以及全體的解放也許就能被一種「普遍意向」調和並在機構中形成，而且它直接朝向個人需求。普遍意向所產生的放棄和延遲不會難以理解也不會非人道，是因為不存在任何專制的理由。然而，仍有疑問：當不自由成為心理機制的主要部分，文明要如何自由地產生出自由？如果不能，那誰又有權建立和強制這種目的標準？

從柏拉圖到盧梭，唯一誠實的答案是教育專制的理想，由那些應該取得真正善的知識的人去實行。這個答案打從當時就已過時了：對創造全體人類生存有用的知識不再局限為精英特權，這個事實很明顯，如果沒有分門別類的阻礙和分化，個體的意識將妥善地取得知識。要區分合理和不合理的權威、區分壓抑和額外壓抑的權威，都能透過個體自己創造並確認。以至於，他們現在無法作出分別，這並不代表他們學不會，只要他們能被賦予機會，那麼嘗試錯誤的過程就變成了自由的合理過程。烏托邦會被非現實藍圖所影響，但自由社會的條件卻不會被影響，因為那屬於一種理性課題。

並不是本能和理性之間的衝突造成強烈的爭議，因此抵抗了自由文明的理想。而是本能自己創造的衝突造成的。即使它多形態反常性和放縱的破壞形態是由額外壓抑造成的，而且只要額外壓抑被取消，這些形態就會受到原欲秩序所影響，但本能本身仍是超越善惡之外的，沒有一個自由文明能豁免於這種區分。事實不過是，在對象的選擇中，性本能並非受互惠原則指引，這造成了某種個體間無法避免的衝突——以及一種強而有力的證據，駁斥了它自我升華的可能性。但是否有一種可能性是，本能自己有一種內在障礙，這種障礙「包含了」它的驅動力？是否有一種可能性，愛欲內在有一種自我約束的「天性」，以致它需要延遲、繞道和阻止純粹的滿足？然後，存在的干擾和強加的限制就不是來自外面、來自現實原則的壓抑，而是被本能自己設置和應允。因為它們存在本身的原欲價值，佛洛伊德確實暗示過這種主張。他認為「一開始就擁有非約束的解放」將無法帶來全然的滿足：

> 不難說明，在心裡設立的價值上，愛欲需求會在滿足容易獲得時立刻失效，為了使原欲浪潮漲到它的至高點，甚至需要設立障礙[1]。

而且，他認為一種奇怪的「可能性」，就是「性本能有某些天性並不傾向達到全然滿足的」[2]。這個概念模糊不清且使其本身容易成為一種意識形態的藉口：這種對容易得到滿足的不傾向性，可能成為壓抑性道德最強烈支柱之一。在佛洛伊德理論的內容中，依然可以依循某種本能的「自然障礙」，它沒有否認快樂。如果能夠脫離古老禁忌和外在約束，則可能強化快樂。快樂包含了自我認同的元素內容，這種自我認同是人類得以戰勝盲目的必然性：

> 天性並不理解真正的快樂，它只是去滿足需求而已，所有快樂都是社會性的——

---

1 "The Most Prevalent Form of Degradation in Erotic Life", in *Collected Papers* (London: Hogarth Press, 1950), IV, 213。
2 同前註，p.214。

在非昇華衝動中的快樂並不會少於昇華後的。快樂源自異化。[3]

本能拒絕在立即的滿足中耗損，這於是讓快樂從需求的盲目滿足中被區分出來。本能可以建立並利用障礙達到滿足強化，雖然這種本能拒絕去做統治的工作事情，但它同時具有相反的功能，就是愛欲的非原欲關係，那讓生物學的張力和釋放轉變成快樂。那些抵抗絕對滿足的障礙不再被支配作為維持人類異化操作的工具，而成為了人類自由的元素；它們將保護另一種快樂來源的異化——並非是人類本身在異化而是純粹自然的異化，那是他自由的自我實現，人類將以個人真實而存在者，每個人形塑他自己的生活；他們將以真正不同的需求和真正不同形式的滿足面對彼此——用他們自己的拒絕和自己的選擇。這種快樂原則的優勢於是將產生拮抗性、痛苦和挫折——這是個人在為滿足而奮鬥的衝突。但這種衝突本身具有原欲價值，它將被滿足的合理性浸透，這種感性的合理性包含了它自身的道德規律。

原欲道德的概念不只在佛洛伊德對絕對滿足的本能障礙主張中獲得暗示，同時也

3 Max Horkheimer and Theodor W. Adorno, *Dialekit der Aufklärung* (Amsterdam: Querido Verlag, 1947), p.127。

在超我精神分析的解釋中被提過。他指出，超我作為道德的心理代表，它並非明確代表著現實原則，特別是指令人生畏的、懲罰性的父親。在許多情況下，超我似乎像是本我的祕密聯盟，拒斥者本我的要求以抵抗自我與外在世界。Charles Odies 於是提出，超我的一部分「最終代表著原始的階段，那是道德尚未從快樂原則分離出來的時候[4]」，他提到了接受現實原則前有一種前生殖、前歷史、前伊底帕斯的「偽道德」，並將這種「偽道德」的心理代表稱為**超本我**（superid）。這種個人的心理現象暗示的前性慾道德是一種對母親的認同作用，呈現出閹割願望，而非閹割威脅。可能是倒退傾向倖存下來，那是對最初**母權**的記憶，也是一種「抵抗當時盛行的女性特權的象徵性手段」。根據 Odier，超本我的前性慾和前歷史道德並不符合現實原則，於是成為某種精神官能因素。

再進一步分析，這種超本我的奇異痕跡，就呈現為一種不同的、喪失現實或喪失自我和現實關係的痕跡。在佛洛伊德中占主導地位且已經濃縮進現實的現實觀，是與「父親捆在一起的」。它是與本我和自我敵對的、外在的力量，且因此，父親主要是

4 "Vom Ueber-Ich", in *Internationale Zeitschrift für Psychoanalyse*, XII (1926), 280-281。

一種敵對的形象，它的力量象徵在閹割威脅中，「直接與原欲朝向母親的滿足相對抗」，成長中的自我透過遵從這種敵對力量而趨於成熟：「服從與閹割威脅」是「建立現實原則中自我基礎的重要步驟[5]」。然而，這種自我作為外在拮抗性力量所面對的現實，並不是唯一一種現實、也不是主要的現實。自我的發展即「脫離原始自戀的發展」；在這個早期階段，現實「並非在外部而是包含在原始自戀中的前自我當中」，這並非敵對或異化於自我，而是「與之緊密相連，本來甚至是沒有區別的[6]」。這種現象首先（以及最終？）在孩童與母親的原欲關係中被經驗到——這個關係一開始是在「前自我」之內，只是後來才分開。伴隨這種對原欲單位的分化，一種朝向重建原初單位的迫切需要發展起來了：一種「嬰兒與母親間的原欲流動[7]」，在前自我和現實之間關係的原始階段，自戀與母性與愛似乎是同一個，且現實的原始經驗就是原欲聯合的原始經驗。個體前生殖器期的自戀階段「喚起」人類歷史上的母性階段。這兩者都構成一種現實，而自我回應這種現實的態度並非排斥亦非服從，而是全然將這種

5 Hans W. Leowald, "Ego and Reality", *International Journal of Psychoanalysis*, Vol. XXXII (1951), Part I, p.12。
6 同前註。
7 同前註，p.11。

現實與「環境」（environment）合而為一。但有鑑於家長專制現實原則，這種現實「母性概念」的產生立刻轉變成某種負面的、可怕的東西。重建失落自戀—母性聯合的衝動被認為是一種「威脅」。也就是，被力量無窮的子宮「母性吞噬」之威脅[8]。敵對的父親是無罪的，且以救主的樣貌再現，透過懲罰亂倫願望，保護自我免受母性殲滅。而並不存在一種問題：在成熟文明中的成熟自我下，是否自戀—母性對待現實的態度將會「回歸」到較不原始的、較不具有吞噬性的狀態？取而代之的，是壓抑這種態度的必要性，一勞永逸地被視為理所當然。只有超越這種超我母親形象的現實原則，才能表達出希望，而不是記憶痕跡，是自由未來的形象，而不是黑暗過去的形象。

然而，就算母性原欲道德在本能結構中是可被追溯的，且就算感性和理性能讓愛與自由的受秩序影響，一個人內在的障礙似乎違抗了所有非壓抑性發展的任務——這也就是說，那愛欲與死亡本能相連的鏈結、那死亡殘忍的事實也就此否認了非壓抑性存在的現實。死亡是時間最終極的否定，但「歡樂卻想要永恆」，無時間性是快樂的概念。時間對本我是無效的，也就是快樂原則的最初領地。但是自我，經歷快樂變成

8 同前註，p.15。

現實的過程，則完全的受時間支配。僅僅是每個瞬間出現的對不可避免終點的預期，就將一種壓抑性元素導入所有原欲關係中，並將快樂本身變成痛苦。這種人類本能結構的原始挫折成為所有其他挫折充沛的來源——以及成為社會有效性的充沛來源。人們知道，「快樂無論如何不能持久」，任何快樂都是短暫的，對所有有限之物而言，他們生的每個時光就等於死的時光——沒有例外。早在社會強迫人循序漸進地練習服從放棄前，人們就已經放棄服從了。時間之流在維持法律和秩序一致性和貶低自由成為永恆烏托邦的機構方面，是社會最天然的聯盟，時間之流幫助人類遺忘他所是與他所能，它使人類不去在意更好的過去和更好的未來。

這種遺忘的能力——本身來自於一種長期和可怕的經驗教育——是一種心理和生理衛生不可缺少的要求，如果沒有這種要求，文明生活將令人無法忍受；但它同時是維持順從和放棄的心理官能。遺忘同時就是饒恕了那不該饒恕的。如果正義和自由要贏得勝利，那麼這種饒恕產生出不正義和奴役的前提條件：遺忘過去的苦難就是饒恕造成苦難的力量——而並不是擊敗它們。在時間內癒合的傷口，同樣是有毒的傷口。為了抵抗這種對時間的屈服，這種對記憶的權力恢復，它作為解放的媒介，就是思想最高貴的任務之一。記憶（德文 Erinnerung）在黑格爾的《精神現象學》結論中、在佛洛伊德理論中都出現過這種功能[9]。就像遺忘的能力一樣，記憶的能力是文明的產物——也許是它最古老也最基礎的心理學成就。尼采在記憶的學習中看見了文明道德的起源——特別是義務、契約、稅收記憶[10]。這種氛圍揭示了文明中記憶學習的單面性：這種官能主要在於記憶責任而非記憶快樂；記憶與良心不安、罪惡和原罪相連。縈繞在記憶中的是不快樂和懲罰威脅，而不是快樂與自由的希望。

沒有釋放記憶的壓抑性內容、沒有釋放它的解放力量，則非壓抑性昇華就難以想像。從奧菲斯的神話到普魯斯特（Proust）的小說，快樂和自由與時間的再次體驗相連：**時間再現（法文 temps retrouvé）**，記憶回復了**丟失的時間（法文 temps perdu）**，那是滿足和實現的時間。愛欲穿透進意識裡，它被記憶所驅動；人們隨之抗拒著放棄的命令，他們下功夫去運用記憶，在時間所支配的記憶中打敗時間，但只要時間人維持著克制愛欲的力量，則快樂本質上仍是**過去**的事情。那句可怕的格言寫著：只有失去的天堂才是真正的天堂。那斷定並同時拯救了**丟失的時間**。失去的天堂才是唯一真正的天堂，不是因為，在回顧中過去的快樂似乎比現實更美好，而是因為，

---

9 參見本書第一章。
10 *Genealogy of Moral*, Part II, 1-3。

只有記憶才能提供沒有消逝焦慮的快樂，於是能給予它一種本來沒有的持續可能。時間在記憶贖回過往時失去了效用。

但這種對時間的擊敗仍是藝術性和虛假的；記憶不是一種真正的武器，除非它轉譯為一種歷史行動。那麼，對抵抗時間的掙扎就成為對抵抗統治掙扎的決定性環節。

> 革命階段在行動的環節中，意識上會希望打破歷史的延續性。這種意識在七月革命時得到了證實，第一天抗爭的傍晚，在許多地方不約而同地朝向巴黎鐵塔的時鐘開火[11]。

時間和壓抑性秩序之間的聯盟，激盪人們去暫停時間之流，且正是這個聯盟讓時間成為愛欲的敵人。確實，時間的威脅、豐富時光的逝去、對終點的焦慮、它們本身可能成為愛欲性的——即成為那「使原欲高漲」的障礙。然而，浮士德（Foust）式的願望，那想像著快樂原則所要求的，並非美好的片刻而是整體。隨著它對整體的企求，

11 Walter Benjamin, "Ueber den Begriff der Geschichte", in *Die Neus Rundschau* (1950), p.568。

愛欲觸犯抵抗著重要的禁忌，這些禁忌把原欲快樂只當作世俗的、可控制的條件去制裁，而非當作人類生存的永恆泉源。確實，如果時間和已建立好的秩序之間的聯盟關係瓦解了，「自然的」私人不幸就不再支持著組織的社會不幸，那種將人類實現降為烏托邦的事情，將不再在人類本能中得到充分的回應，同時，被解放的趨力將呈現出前所未有的可怕力量。所有健全的理性將會站在法律與秩序旁邊，堅定地認為全然歡樂將從此以後被保留下來，且它們努力抵抗著不讓死亡和疾病屈從於國家和國際安全永無止境的要求。

為了讓時間在時間內保存下來，為了扣留著時間、為了征服死亡所作的努力，似乎在任何標準下都是不合理的。而且我們接受的那種死亡本能假設也純屬不可能。抑或是，正是這種假設讓它成為合理呢？死亡本能是在涅槃原則下運作的：它傾向於「持續滿足」的狀態，而不感覺任何張力——也就是一種沒有缺乏的狀態，這種本能狀態意味著它的**破壞性**表現，將在達到這種狀態時減為最低。如果本能的基本目標不是終止生命而是終止痛苦——也就是消除張力——那麼很矛盾地，以本能而言，生和死的衝突越減少，則生命將更接近滿足的狀態，快樂原則和涅槃原則於是匯合了。同時，愛欲擺脫了額外壓抑將會更強而有力，且這種強化的愛欲將向它之前那樣吸收死亡本能的目標，死亡的本能價值將因此改變：如果本能追求並傾向實現它們非壓抑性秩序，那麼倒退的強迫性將喪失它大部分的生物學基本原理。當苦難和缺乏退去，涅槃原則就能和現實原則相互協調，將本能退回早期階段的無意識引力將有效地被生命所渴望達到的狀態抵銷。本能的「保守天性」將在現狀的實現中休止。死亡不再是本能的目標。它仍是一項事實，也許甚至是一種最終的必要性——但這種必要性將使人類的非壓抑性能量起而對抗，將為之發動最大的抗爭。

在這種抗爭中，理性和本能是可以合一的。在真正人類生存的條件下，那是屈服於十歲、三十歲、五十歲或七十歲的疾病，與實現生命後的「自然」死亡之間的差別。這種差別可能是值得用全部本能能量去爭取的，並不是指死去的人，而是那些在他們必須或需要死亡之前就死去的，那些在煩惱和痛苦中死去的人，是對文明提出的巨大控訴。他們同時證明了人類不可救贖的罪惡。他們的死引發了對痛苦的意識，意識到那是不必要的，是有其他可能性的，這將讓所有機構和壓抑性秩序的價值去安撫這種罪惡的良心不安。對死亡本能——或是說，對死亡本能的社會利用性最廣泛的表現之一，也許就是對死亡和疾病的「職業上的默認」。在壓抑的文明中，死亡本身成為了壓抑的工具，無論死亡是被當作永恆的威脅而害怕，或被美化作最極致的犧牲，或被作為信念般教人們去接受死亡。在一開始生命就會被引入一種投降的元素——也就是投降與服從。這種元素壓制了「烏托邦」的努力。權力和死亡極其相近，因為死亡象徵著不自由和戰敗。神學和哲學在今日相互競爭，它們將死亡當作存在的種類而讚頌著：將生物學事實反轉為一種本體論的本質，將超驗的祝福賦予人類的罪惡，而這種罪惡正是它們幫忙延續的——它們背叛了對烏托邦的允諾。相反地，一種在壓抑性的俾女氛圍中無法運作的哲學，用大拒絕回應了死亡的事實——那是奧菲斯式解放的拒絕。死亡可以成為自由的象徵，死亡的必然性並不駁斥最終解放的可能性。就像其他必要性那樣，死亡能變得合理——也就是沒有痛苦。人類能夠沒有焦慮地死去，如果他們知道，他們所愛的將不會受苦也不會被遺忘。在生命實現之後，他們就可以自己滅亡了——在一個他們自己選擇的時刻。但即使是這種終將到來的自由，也無法救贖那些在痛苦中死去之人。正是對他們的記憶，以及人類對這些犧牲者所累積的罪惡，讓沒有壓抑的文明前景黯然無光。

後記

對新佛洛伊德主義的批判

根據本世紀上半葉發生的社會改革，精神分析在我們時代文化中的功能也改變了。自由時代與對自由時代承諾的瓦解、遍布各處的極權主義趨勢，以及對抗這種趨勢的努力，都反映在精神分析的立場中。在第一次世界大戰前的二十年發展期間，精神分析針對當代最具聲望的成就：也就是個體的概念，闡明了心理學的批判概念。佛洛伊德證明約束：壓抑和放棄都是構成「自由人格」的材料，他將社會「普遍的不幸」看作是難以治癒且正常的事情，而精神分析是重要的批判理論。隨後，在中歐與東歐動盪的革命之中，精神分析在具有相當服從程度的社會中祕密揭示的事情更顯清晰。人類精神分析的概念，以及人類天性中基本不變的信念，都呈現出「保守性」。佛洛伊德的理論似乎暗示著社會主義的人道主義理想是人類所無法企及的，於是對精神分析的修正就得以快速發展。

也許討論左翼和右翼的分裂是很誘人的。威廉．賴希（Wilhelm Reich）在他早期的著作中作了最認真的嘗試，發展隱含在佛洛伊德理論中的社會批判理論。在他的著作 *Einbruch see Sexualmord*（1931）中，賴希將精神分析定調為社會和本能結構間的關係，他強調性慾壓抑的程度是被統治和開發利益所強行施加的。然而，賴希的性慾壓抑主張仍然沒有什麼特別的；他忽略了性本能的歷史動力，以及性本能和破壞衝動相融合的歷史動力。（賴希駁斥了佛洛伊德死亡本能的假設，以及佛洛伊德晚期元心理學中揭示的全部深刻向度）結果，性解放本身對賴希而言就成為個人和社會問題的靈丹妙藥。昇華的問題減少了，壓抑和非壓抑升華之間沒有本質上的區別，且自由的進步不過只是一種性慾的解放。於是，賴希早期著作中社會批判的洞察力就被中斷了；一種廣泛的原始狀態占了上風，也預示了賴希晚年放蕩和奇特的嗜好。

在精神分析的「右翼」，榮格心理學很快成為一種蒙昧主義的偽神話學[1]。修正主義的「核心」在文化和人際學派中成形——成為今日最流行的精神分析趨勢。我們必須試著說明，在這種學派中，精神分析理論成為意識形態：在曾經全然消除人格和人格實現的現實面前，「人格」和其創造性潛力復活了。佛洛伊德看到了壓抑作為西

1 Edward Glover, *Freud or Jung?* (New York: W. W. Norton, 1950)。

方文明的最高價值標準的作用——此文明預設並維持了不自由和痛苦。新佛洛伊德學派所促進的恰好就是這種價值，用以醫治不自由和痛苦——用來戰勝壓抑。這種知識份子的任務是透過清除本能動力和在心理生活中減少其部分來完成的。於是就能淨化、精神就能重新被理想主義的倫理和宗教救贖，且心理機制的精神分析理論就能被當作靈魂的哲學加以改寫。當這麼做的時候，這些修正主義者們就拋棄了佛洛伊德精神分析中的某些工具——那些與不合時宜的哲學理想主義復辟並不相容的工具——但是佛洛伊德揭示破壞性本能**以及**人格的社會根源所使用的正好是這些工具。而且，（成人和其文化環境）的次要因素和關係被推崇為主要的——這種轉變是為了強調社會現實對塑造人格的影響性。然而，我們相信實際所發生的正好相反——社會在精神方面的影響是減弱的。佛洛伊德重視的是主要本能的變遷，他在最隱密的屬性和個體底層發現社會性。這種修正主義者的目標在於用現成的形式去物化，而不是在於社會機構和關係的起源。所以難以理解這些機構和關係對人格實現的潛能做了什麼。面對這種修正主義學派，佛洛伊德理論如今呈現了新的意義：他的批判性揭示出前所未有的深度，且也許是頭一次，他揭示出那些超越現存秩序並將壓抑理論和廢除壓抑理論連結的元素。

加強這種連結是文化學派修正主義背後的主要動機。埃里希・佛洛姆（Erich Fromm）早期的文章企圖清除佛洛伊德理論對現代社會的認同；將精神分析的主張銳利化，以揭示本能與經濟結構的關係；同時指向對「貪得無厭父權制」（patricentric-acquisitive）文化的超越。佛洛姆強調佛洛伊德理論的社會學內容：精神分析將社會心理學現象理解為：

> ……本能機制對社會經濟情況主動與被動地適應過程。本能機制本身——在基礎上來說——就是一種生物學基準，但在很大程度上是可被修正的；經濟條件是主要修正的因子[2]。

人類生存社會組織的條件基本上是缺乏和需求；它們具高度可塑性和順從性，它們為「鞏固」現存社會而被塑造和利用，於是，在佛洛姆所謂「貪得無厭父權」的社會中（在本研究中被定義為操作原則作用），原欲的衝動和滿足（以及偏移）與統治

2 "Ueber Methode und Aufgabe einer analytischen Sozialpsychologie", in *Zeitschrift für Sozialforschung*, I (1932), 39-40。

利益相互協調，進而形成一種穩固的力量使得大多數人受制於少數裁決者。焦慮、愛、自信甚至是對自由的意象和所屬團體中的連結保持一致性[3]——全都是為了服務統治和所屬的經濟結構關係。然而同樣的原因，社會結構的基本改變蘊含著相對應的本能結構改變。隨著現行社會在歷史上已過時、隨著逐漸增強與之對抗性，傳統的心理鏈結也會鬆脫：

為了新的形式而自由地利用原欲力量，這就改變了其社會功能。現在它們不再有利於社會的保存，而是導向了新社會結構的建設：它們不再像以前那樣作為鞏固之用，而是作為開闢用的炸藥[4]。

佛洛姆在他的〈The Socio-psychological significance of the Theory of Matriarchy〉這篇文章中延續了這種概念[5]。佛洛伊德自己對衝動修正的歷史性特徵的看法破壞了他

3 同前註，pp.51, 47。
4 同前註，p.53。
5 In *Zeitschrift für Sozialforschung*, Vol. III (1934)。

將現實原則與貪得無厭父權制文化常模的等同性。佛洛姆強調母權文化概念——儘管具有人類學的價值——但他預設的不是一種統治利益取向的現實原則，而是一種人類原欲關係滿足的現實原則。本能結構所要求的並不是父權文化成就基礎上一種自由文明的提升，而是透過其體制的改變：

性慾提供了滿足和快樂最基本和強大的可能性，如果規定這種潛能範圍的是人格的生產性發展需求，而不是統治大眾的需求，那麼，實現這種快樂的基本潛能將必然進一步要求人類生存的其他領域也要滿足和快樂。要實現這種要求，就必須利用這種滿足的物質手段，且必定蘊含對現存社會秩序的破壞[6]。

佛洛伊德理論的社會內容變得明顯了：精神分析概念的銳利化，意味著其批判功能的銳利化，以及表明它對社會現行形式的反對立場。而這種精神分析的批判性社會功能來自於將性慾基本規則視為一種「生產性的力量」。原欲要求向自由和人類需求

6 同前註 p.215。

的全體滿足推進，並超越貪得無厭父權階段。相反地，精神分析概念的弱化，且特別是性慾理論的弱化，必然導致社會批判的弱化，進而減少精神分析的社會內容。與表象相反，這是文化學派正在發生的事情。矛盾的是（但僅在表象上矛盾），這種發展是改良治療後的結果。佛洛姆寫了令人欽佩的論文〈The Social Conditions of Psychoanalytic Therapy〉，他在裡面說明了（分析師與病人之間）精神分析的情況，是一種對自由主義特殊形式的寬容。但這同時取決於社會上是否存在這種容忍性，而在這種對「中立」的分析師容忍態度的背後，隱藏著「對資產階級社會經濟的尊重[7]」。佛洛姆在佛洛伊德對待性道德的立場中探究佛洛伊德理論理論核心的影響。根據這個態度，佛洛姆對比另一種治療概念，首先也許是費倫齊（Ferenczi）所制定的，是治療師拒絕父權威權禁忌，並和病人進入一種積極而非中立的關係中。這種新的概念特徵主要是「無條件肯定病人對快樂的要求」並將「那無條件地從道德禁忌特性中解放」[8]。

然而，根據這種要求，精神分析面臨了一種重大的兩難困境，「對快樂的要求」

---

7 *Zeitschrift für Sozialforschung,* IV (1935) , 374-375。

8 同前註，p.395。

如果真的被肯定了，將加重它與社會的衝突，而社會只允許受控制的快樂。暴露這種道德禁忌將會擴展這種衝突，以致攻擊社會重要的保護層。這在以寬容為個人經濟和政治關係組成元素的社會仍是可行的；但社會不再提供這種寬容時，那將會危及這種「治療」的理想和甚至是精神分析的存在。這種對快樂要求的肯定態度於是只有在快樂和「人格生產力發展」重新被定義，而符合當代價值時才是可被接受的，也就是說，只有它們被內化和理想化時才是可行的。且這種重新定義必然反過來，暗示精神分析理論中破壞性成分的弱化，如同它具破壞性的社會批判性也一併弱化了。如果這確實（就像我所認為的）是修正主義曾走過之路，那麼它就是由當時客觀社會動力所造成的：在壓抑社會中，個人快樂和生產力發展是與社會相互矛盾的，如果它們要用社會認可的價值去決定，這它們自己就是壓抑性的。

接下來的討論只關注新佛洛伊德心理學晚期階段，那是修正行動的回歸性最強的階段。這個討論和本研究中強調的精神分析理論的批判性意義相比，令人鬆一口氣；修正主義學派的治療功效將完全不在這種討論的範圍內，這種限制不單是因為我個人能力有限，還有精神分析固有的治療與理論之間差異。我們可以（相當簡化地）說明這種差異：儘管精神分析理論認為個人的病態最終是由他所處文明病態造成並維持的，但精神分析的治療還是在於使個體能繼續在病態文明中成為功能性的一員，而又不完全屈服於這種文明，對現實原則的接受，也就是精神分析治療的重點，意味著個體接受其本能受文明編制，特別指性慾本能。在佛洛伊德理論中，文明呈現出與主要本能和快樂原則相抵觸的發展，但後者倖存於本我之中，而文明中的自我必須永遠與自己無窮無盡的過去和被限制的未來奮鬥。理論上，心理健康和神經質的不同僅僅在於順從的有效程度：心理健康是有效的順從——通常表現為適度的快樂滿足。但常態其實是一種危險狀態，「精神官能症和精神病都是本我對抗外在世界的叛亂表現，是它們對痛苦的抵抗，不願意讓自己去適應必然性——也就是匱乏，或者是說，表現出它們無能為力[9]」。儘管這種叛亂存在於人類本能「天性」當中，人是一種必須被治療的疾病——不只是因為他在對抗一種絕望的至高力量，更是因為他在對抗「必然性」。如果文明戰勝了，那麼壓抑和不快樂**必定存在**，快樂原則的「目標」——想要幸福——儘管為幸福所作的努力不該也不能被放棄，它仍是「是無法企及的」[10]。就長遠來說，問題只在於個人能夠承受多大程度的順從而不被粉碎。在這個意義上，治

9 "The Loss of Reality in Neurosis and Psychosis", in *Collected Papers* (London: Hogarth Press, 1950）, II, 279。
10 *Civilization dnd Its Discontents* (London: Hogarth Press, 1949), p.39。

療是一種順從的歷程：如果我們成功地「將你那狂暴的痛苦轉變為日常的不開心」，就像許多人的日常那樣，就能獲得高度順從性[11]。這個目標確實不是（或不應該是）意味著病人將能夠完全適應壓抑他成熟志向和能力的環境，但分析師作為治療者，他仍必須接受事實的社會框架，那是病人必須生活且無法改變的地方[12]。佛洛伊德確信文明的壓抑性基礎無法改變——甚至在超越個人的社會範圍亦是如此。這大大強化了順從的不可逆性，結果，精神分析的批判性洞見只有在理論範圍才能施展全部的力量，且或許特別是在理論裡治療最遠之處——也就是在佛洛伊德的「元心理學」當中。

修正主義學派透過將理論與治療同化，抹煞它們之間的差異。這種同化是透過兩種方式，第一，那些純屬推測和「形而上」的概念，無法得到任何臨床證實（例如死亡本能、對原始部落的假設、對原始父親的殺害以及其結果），將全部被刪減或丟棄。而且，這個過程中存在某些佛洛伊德最重要的概念（本我和自我之間的關係、無意識的功能、性慾的範圍和意義），將用特定的方式重新定義，好讓破壞性的內容被排除。

11 Breuer and Freud, *Studies in Hysteria* (New York: Nervous and Mental Disease Monograph No. 61, 1936)，p.232。另參見 *A General Introduction to Psychoanalysis* (New York: Garden City Publishing Co., 1943)，pp.397-398。

12 *New Introductory Lectures* (New York: W. W. Norton, 1933)，p.206。

個人和其社會之間、本能結構和意識領域之間最深刻的衝突將被粉飾。精神分析重新定位於前佛洛伊德特質的傳統意識心理學，在這裡，並不是要討論這種重新定位在成功的治療和時間上是否妥當；但是修正主義者將以弱化的佛洛伊德理論轉換成新的理論，而這種理論意識是我們現在要去討論的。這個討論將忽視眾多修正主義者們之間的區別，並聚焦在他們全部共有的理論態度上。我們萃取埃西里・佛洛姆、卡倫・霍妮（Karen Horney）以及哈里・斯塔克・沙利文（Harry Stack Sallivan）、克拉拉・湯普森（Clara Thompson）[13]，他們被認為是這些修正主義中最具代表性的史學描述學家。

反抗佛洛伊德的修正主義者主要的內容將摘要如下：佛洛伊德嚴重低估了個體與其精神官能症狀受其與環境衝突的影響及其擴展。佛洛伊德的「生物學取向」導致他專注在個體屬性與個體發展時的**過去**：他認為個體在五到六歲（如果不是更早的話），本質上的特徵就定型了。且他按照主要本能及其變遷來解釋個人命運，特別是性慾。相反地，修正主義者們將重心「從過去轉移到現在」[14]，從生物學轉移到文化

13 *Psychoanalysis: Evolution and Development* (New York: Hermitage House, 1951)。
14 Thompson, *Psychoanalysis*, pp.15, 182。

層次，從「個人結構轉移到環境結構」[15]。「如果摒棄了所有的原欲概念，則能更加理解生物學發展」，並根據成長與人類關係去解釋不同的階段[16]。於是精神分析的目標變成在「相關世界中」的「全部人格」；然後「個體的結構層面」及其「生產性和積極性的潛力」就會受到應有的關注。佛洛伊德冷漠、嚴苛、破壞性和悲觀。他沒有發現疾病、治療和痊癒都是「人際關係」的事情，個體彼此都涉及在內。佛洛伊德的概念主要是相對性的：他認為心理學能「幫助我們去理解價值判斷的動機，但卻無助於建立價值判斷本身的有效性[17]，結果他的心理學沒有包含倫理，或只是他個人的倫理，而且，佛洛伊德是社會為靜止的，因而社會是作為「控制人類本能的機制」來發展。然後修正主義者們從比較文化的研究中明白，「人類並非在生物學上被賦予危險固著的動物趨力，且社會唯一的功能只有控制他們，這也是錯的」。這些學者們堅持，社會「並不是一種在過去原始父親被謀殺時建立起律法的靜止狀態，而是一種成長性的、變動的、發展性的人際關係經驗和行為的網絡」。此外他們補充了這樣的看法：

15 同前註，pp.9, 13, 26-27, 155。
16 同前註，p.42。
17 Erich Fromm, *Man for Himself* (New York and Toronto: Rinehart, 1947), p.34。

> 個體除非透過文化經驗，否則他無法成為人類。社會創造人類新的需求，某些需求創造出建設性的方向並刺激更長遠的發展。正義、平等和合作的理想就是這樣的天性，有些需求導致了破壞性的方向並對人類無益，大規模的競爭和對絕望者無情的剝削，這是文化破壞性產物的證明。當破壞性元素主導一切，我們就面臨戰爭爆發的情況[18]。

這段引言是一個出發點，能呈現修正主義學派理論上的倒退。首先是明顯的、日常智慧的運用，接著帶來社會學觀點的綜合體。對佛洛伊德而言，這些觀點都被包含並發展於基本概念本身當中；但在這裡，它們表現成不相干的外部因素。此外，好與壞、建設性和破壞性（按佛洛姆的說法：生產力和非生產力、正向和負向），都並非源自於任何理論原則，而只是簡單地取自流行的意識形態。因為如此，這些區別只是折衷並外在於理論的，且無異於順從主義的標語，它是壓抑性的、破壞性的——但它也沒有**那麼**艱難、**那麼**壓抑、**那麼**破壞，它仍有建設、生產的層面，社會不僅是如此，

18 Thompson, *Psychoanalysis*, p.143。

但也同時是如此，人類不僅是對抗他自己，同時也在支持他自己。

這種區別毫無意義，並且——像我們試著說明的那樣，甚至是錯的。除非（佛洛伊德自己擔起的）任務完成了，也就是證明在文明的影響下，如何使相斥的兩方面在本能動力裡相互連結，以及依照這種功能，其中一方是如何無可避免地轉成另一方，缺少了這種證明，修正主義者們對佛洛伊德片面的改良摒棄了他基本的理論概念而構成一種空缺。然而，用**折衷主義**一詞來表現修正主義哲學的內容，這並不恰當，他們對精神分析理論所造成的影響非常嚴重：修正主義者對佛洛伊德理論的補充，特別是加上文化和環境因子，給出一種錯誤的文明圖像以及錯誤的特定現代社會圖像，低估了衝突的廣度和深度，修正主義者宣告了一種錯誤但容易的解決辦法，我們在此只作簡短的敘述。

修正主義者最重視的要求之一，就是個人的完整人格——更甚於個人早期童年、或他的生物學結構，或他的身心條件——來作為精神分析主體：

無限的人格差異性本身就是人類生存的特徵，我所理解的人格，那所有先天遺傳和後天精神性質，都是個體的特徵，並使個體成為獨一無二的[19]。

我認為很顯然地，佛洛伊德反移情作用的概念和現代作為某種人際概念的過程，是分開來的。在人際的情況中，分析時被認定和病人有關聯，不只是受反常的感情影響，而同時受其健全人格影響，也就是說，分析的現場本質上就是人類的相互關係。[20]

我所要引入的預設是：人格所傾向的狀態，我們稱之為心理健康或人際間的成功調整，儘管受到文化適應方面的障礙，有機體的基本方向仍是前進的[21]。

再者，明顯的事實（「人格的多樣性」）；分析師作為一種「人際關係的過程」），是因為只用來發表或使用，而非理解，它就成為半真實性的，而失落的另一半真實將

19 Erich Fromm, *Man for Himself*, p.50。

20 Clara Thompson, *Psychoanalysis*, p.108。

21 Harry Stack Sullivan, *Conceptions of Modern Psychiatry* (Washington William Alanson White Psychiatric Foundation, 1947), p.48。

改變這些明顯的事實，所以那種半真實性也是虛假的。

被引用的文字證明了在修正主義者學派所盛行的意識形態和現實之間彼此混淆。確實，人類表現為一種將先天與後天差異「整合成」完整人格的個體且此完整人格在自身與世界（事物和人）的關係中發展，這個世界的條件是多樣且變化的，但這種人格和其發展，在最深層的本能結構中，都是**被預先設定好**的。這是文明累積的工作，意思是個體「成長」的多樣性和自主性是次要現象，隱藏在個體背後究竟有多少現實，取決於現行的文明既定階段的壓抑性控制。自主的人格，意思像是創造「特殊性」和生存的完整性，這是極少數人的特權。在現階段，傾向於一種標準化反應方式，被權力的等級制度和功能以及其技術、知識和文化體制所建立。

精神分析師和他的病人共用這種異化，且因為這種異化通常不是透過任何精神官能症狀表現，而是標誌於「心理健康」的表現上，它於是不會被修正主義者們意識到。當討論到異化時，它通常不是作為一種整體來看，而是一種整體的否認觀點[22]。確實，人格並沒有消失；它持續旺盛，甚至是被培養及教育——但也正因如此，人格的表現

22　比較 Erich Fromm 在 *Man for Himself* (pp. 67ff) 對「市場定位」的討論。

完美契合並完美支持著社會性意向的行為和思考格式。這個過程，在晚期工業化文明的「大眾文化」中完成了，這意味著某種不可否認的事實，人類將在所有關係中發現它本身不是與其他人相關，就是從其他人抽象出來，人際關係概念只能這樣表示。如果，超越這種狀態，人際關係的概念有更多意義——「兩個以上的人將決定整體情況」，而這產生出「個人」[23]——這層含義就是謬誤了。如同佛洛伊德說明的，個人是**普遍命運**的延伸物和表象，普遍的壓抑塑造個人和世界，甚至是最個人化的特徵。因此，佛洛伊德的理論始終都定位在嬰兒早期——也就是先與個人遭受普遍命運的時期，隨後成熟的關係「再造出」先前的關係。所以，最重要的關係是與人相關性**最少**的。在異化的世界中，屬系的樣本彼此面對：父母和孩子，男人和女人，然後是主人和僕人，老闆和員工，他們首先用特定的普遍異化模式相互交流，如果當他們停止異化並發展進入真正的人類關係中，他們還是保有這種已被超越普遍的壓抑性，並將這種壓抑視為他們能控制和理解的否定性。於是，他們就不需要被治療了。

精神分析說明了個體經驗的普遍性，這種程度，且僅僅是在這種程度上，精神分

---

23 Ernest Beaglehole, "Interpersonal Theory and Social Psychology", *A Study Interpersonal Relation*, ed. Patrick Mullahy (New York: Hermitage Press, 1950）, p.54。

析才得以打破人類關係被僵化的現象，修正主義者沒有辨認到（或沒有描繪出其後果）異化的真實狀態。這種異化使人類變成一種可被交換的功能以及將人格變成一種意識形態，相反地，佛洛伊德基本的「生物性」概念超越了這種意識形態及其反射性思維，因為他拒絕將具象化的社會看待成一種「人際經驗和行為發展網絡」，以及將異化的個體看作「完整人格」，這與現實以及現實所包含的真實概念相呼應。如果他避免將非人性的生存看作是一種向前邁進天性中一剎那的否定性觀點，那麼，他就比那些人性本善的、寬容的，卻說他「非人性」且冷酷的批評者，還來得更加有人性。即使沒有死亡本能與本能保守天性的假說，佛洛伊德也不輕易相信「有機體的基本方向是向前邁進的」。沙利文的主張是膚淺且令人懷疑的，有機體在一種衝動持續釋放張力、實現、休息和被動的狀態，呈現出完全不同的「基本」方向——反抗時間的進程並非只有自戀愛欲所固有，施受虐張力在心理健康中很難與前進的方向相連結，除非前進和心理健康用幾乎不同的意義去定義，這個不同的意義存在於我們的社會秩序中——「一種在某方面及不符合人類存在的健康和快樂發展的社會秩序」[24]，沙利文沒有這樣去重新定義，他讓自己的概念符合順從性：

24 Patrick Mullahy, introduction to *A Study of Interpersonal Relations*, xvii。

如果有人相信自己自願地遠離了過去的停泊處，並選擇了新的教條來勤奮地貫注他自己，他肯定承受了巨大的不安全感。他的自我組織化通常是貶損和憎恨的，新的行動集體地支持他表達古老的個人敵意，而這種表達則對抗著他原本所屬的行動集體。新的意識形態合理化那些有效，且幾乎是建設性的破壞性活動，新的意識形態承諾一個更好的世界，是從現存秩序必定先崩塌而成的廢墟中升起的，而這特別安撫了其中的衝突性。在此烏托邦中，他和他的同伴們將善良和仁慈——他們不再不公正，且是如此向前邁進。如果他是屬於一個較激進的團體，那麼在融合的決定與選擇時，遙遠記憶的活動就會幾乎完全的被壓抑下來，且預設夢想的活動將被嚴格地引導入教條中。在這個情況下，除了他與激進的同伴相處外，他將表現得像第三章所討論的那種精神病態人格，他沒有牢牢抓住自己和他人的現實，且他的行動受最立即的機會主義所控制，而沒有考慮到可能的未來[25]。

這段文字反映出**現行狀態**的價值塑造人際關係理論的程度，如果一個人「遠離他

25 Sullivan, *Conceptions of Modern Psychiatry*, p. 96。另參見 Helen Merrel Lynd 在 *The Nation* 中的回顧（January 15, 1949）。

過去停泊之處」並「接受行教條」，及假定他「承受巨大的不安全感」，他的「自我組織化通常是貶損和憎恨的」，且他的新教條「合理化破壞性活動」——簡單來說，他是某種精神病態類型。這裡並沒有暗示，他的不安全感是合理和理性的，也沒有暗示，並非只有他自己的組織化，還有其他人的組織化也是貶損和憎恨的。更沒有暗示，新教條的目標如果是更高階段的文明，那麼其所涉及的破壞性可能確實是建設性的。這種心理學除了現行客觀的標準外，沒有其他價值：健康、成熟、成就，都是既有社會所定義的——即使沙利文有注意到，在我們的文化中，成熟「通常只不過是一個人社會經濟和諸如此類狀態的反應」[26]。深刻的順從掌握這種心理學的重點，它懷疑那些「遠離早年停泊處的人」並將他們變成精神疾病狀態的「激進份子」（這種形容適用所有這類型的人，從耶穌到列寧，從蘇格拉底到焦爾達諾·布魯諾），他們幾乎自然而然地將「對更好世界的承諾」定義為「烏托邦」，而且主要內容是「空想」，且將人類普世正義的神聖夢想當作是那些失調狀態人們的個人怨懟（他們希望不要再「對他們」不正義了），這種「操作」將心理健康等同於「適應成功」和進步，消除

26 *The Interpersonal Theory of Psychiatry* (New York: W. W. Norton, 1953), p.208。

掉佛洛伊德所有的保留，佛洛伊德迴避了對適應這種非人社會的治療性目標[27]，因此，將精神分析服從這個社會，離佛洛伊德所作的甚遠。

隱藏在社會所有歷史形式的差異背後，佛洛伊德看見了普遍存在的基本去人化，以及在本能結構中，人對人統治所維持的壓抑性控制。有鑑於此，佛洛伊德「社會的靜止概念」比起修正主義者提出的動態社會概念更接近真實。《文明及其不滿》是根源於人類的生物學構造，這個概念深刻影響著他對治療的功能和目標概念。個體所要發展的人格、所要實現的潛力、所要達成的快樂——在一開始就被編制好了，且其中的內容只能按照這些類別去定義。佛洛伊德破壞了理想主義倫理的痴想，因為人格只是一種「破碎」的個體，它內化並成功地利用了壓抑和攻擊性。考慮到這樣的人類會發展出何種文明，人格發展的差異性主要是「日常不幸」與其他人不合比例以及合乎比例地共同分享。合乎比例的分享就是治療全部所能做到的。

與這種「最低度的編制」相異，佛洛姆和其他修正主義者宣稱一種更高目標的治療：「人類潛能的最佳發展以及個體的實現。」並不是因為精神分析技術的限制，而

27 Freud, *A General Introduction to Psychoanalysis*, pp.332-333。

是因為文明本身建立的結構上就否定它了。那要嘛不是根據文明建立形式**中**的可能性去定義「個性」和「個體性」，這個情況它們的現實性是為了讓廣大群眾成功適應；要嘛就是根據它們的超越性內容，包括它們超越（或低於）現實生存的社會性否認潛力；在這種情況下，它們的實現將意味著某種超出文明建立形式的越界，而達成「個體」和「個體性」激進的新形式，而這與現行文明是不相符合的。現在「治癒」這些病人，意味著使之成為反抗者或（意思是一樣的）犧牲品。修正主義者的概念在兩者之間搖擺不定，佛洛姆恢復了所有理想主義倫理的光榮價值，好像從沒有任何人揭露過它的順從性和壓抑性特徵。他談論到人格的生產性實現、關懷、責任和對其他夥伴的尊敬，談及生產性的愛和幸福——好像人類可以實踐這一切，且仍維持社會中「福祉」的明智性和精力充沛。但即使是佛洛姆本身所描述的，受「市場」商業關係所統治並完全異化的社會，這樣的社會，個性的自我實現只在雙重壓抑的基礎上得以實現：第一重壓抑，是對快樂原則的「純粹化」以及快樂和自由的內在化；第二重壓抑，是對他們合理的約束，直到他們適應現行的不自由和不快樂。因此，生產力、愛、責任都成為某種「價值」，是由於它們包含了可被管理的順從性，以及在社會使用活動的框架中得以實踐（換句話說，存在於壓抑性昇華後的框架中）；然後它們涉及了對自由生產力和責任的有效否定——也就是對快樂的放棄。

例如生產力，作為操作原則下健康個體的目標聲明，必然正常地（意思是，在創造力之外的，並非「精神官能症」和「古怪的」）在好的商業活動、行政管理、服務上展現前進性，並伴隨對被認可成功的合理預期。愛必定是半昇華和甚至是被抑制的原欲，與強加與性慾上的合法條件同一陣線。這是生產力和愛可被接受的「實際」意義，但生產力和愛同樣表示人類的**自由**實現，或實現這種自由的理想。它們在修正主義的運用上玩弄著這種模稜兩可，也就是同時能被設計成不自由和自由，同時是人類殘缺不全官能也同時是完整的官能，從而是將現實原則歸屬於偉大的承諾，只有超越現實原則才能被救贖。這種模稜兩可讓修正主義哲學在順從處看起來像是批判性的。在政治之處看起來像是道德主義。通常，光是**風格**就背叛了態度，那將揭示出佛洛伊德和新佛洛伊德主義分析彼此間的差異。後者，在更哲學性的文章中，經常很接近於講道或社會福利者。將善的意志和寬容滲透進去，它是高尚明晰的，但卻受認真的精神（法文 esprit de sérieux）所推動，這種精神將超越價值，並帶入日常生活的事實中。虛假的東西被當作真實的，相反地，佛洛伊德對「自由」、「快樂」、「個性」的用法具有強烈諷刺意味；這些詞彙不是擁有無形的引號（quotation marks），就是有明確負面意涵。佛洛伊德避免用任何其他名稱去稱呼壓抑，但新佛洛伊德主義有時會將壓抑昇華到相反的意義上去。

但是，修正主義者將精神分析與理想主義倫理相連結，並不只是單純的讚揚適應性。新佛洛伊德社會學或文化定位提供了另一層面的描述——也就是「不僅……且……」這種描述。對適應的治療受到強烈措辭的拒斥[28]；對成功的「神話」遭到駁斥[29]。今日的社會和文化被指控嚴重阻礙健康和成熟人格的實現，「競爭性」的原則伴隨敵對的潛能，遍布於所有人類關係中[30]。修正主義者聲稱他們的精神分析本身是一種社會**批判**：

> 「社會學派」的目標不只是讓人們屈從於其社會的約束性；只要可能，它將企圖將人們從不合理的要求中解脫，並使之更能發展自己的潛能。並設想一種領導特質，能建立更具建設性的社會[31]。

28 Fromm, *Psychoanalysis and Religion* (New Haven: Yale University Press, 1950), pp.73ff。
29 同前註，p.119。
30 Karen Honey, *The Neurotic Personality of Our Time* (New York: W. W. Norton, 1937), p.284。
31 Clara Thompson, *Psychoanalysis*, p.152。

健康和知識，正常和自由之間的張力，賦予佛洛伊德整體工作生命，卻在這裡蕩然無存。「只要可能」這種修飾語，只在目標中留下了具有破壞性的矛盾。「建立更具建設性的領導特質」則與建設性社會的正常功能相連結。

這種哲學的成就在於，接受其所欲批判社會的基本前提時，指出對抵抗表面現象的批評，佛洛姆貢獻一大部分的篇幅去批判「市場經濟」，以及其理想，那在生產力發展上是強大的障礙[32]。但剩下就到這裡了，這種批判性洞見並沒有造成生產力價值的重新評估，以及「更高自我」價值的重新評估——這才是批判性文化的真正價值所在。修正主義哲學的特徵展現正向和負向、承諾和背叛的等同性。在肯定中納入批判，讀者可能被說服，認為「更高的價值」能夠且應當在正好是背叛了它們的條件中實踐，且它們之所以可以實踐是因為修正主義哲學在其適應和理想化形式中接受它們——是按照建立好的現實原則去接受。佛洛姆像其他少數精神分析師那樣論證內化的壓抑性元素，而恢復了內化的意識形態。那些適應的人被指責，因為他們背叛了「更高的自我」、「人類價值」，所以他被「內在空虛」和不安全感困擾，儘管他們「努力獲得

32　Fromm, *Man for Himself*，特別是 pp. 67 以下，127-128。

了成功」。而達到「內在力量和完整性」的人要好得多了；雖然這些人不比他那「肆無忌憚的比鄰之人」來得成功：

> ……他將擁有安全感、判斷力和客觀性，這將使他不因變化無常和他人意見所左右，並在許多方面為了有建設性的工作而增進自己的能力[33]。

此風格暗示著屈從於正向思考的力量，這是修正主義者批判的。這並非是虛假的價值，而是他們決定和宣稱的內容：「內在力量」是無條件自由的內涵，即使是在束縛中的人可實踐，這種自由是佛洛姆在分析宗教改革時曾譴責的[34]。

如果「內在力量和完整」被認為不只是異化社會期望好公民們在其工作上的特點（工作也不過是為維持異化而服務），那麼它必定屬於某種意識上能打破異化與異化價值的東西。但對意識而言，這種價值本身變得令人無法忍受，因為意識將認出這些價值不過是奴役人類的利器。「更高自我」支配著被馴化的個體衝動和欲望，這個體

33 Fromm, *Psychoanalysis and Religion*, p.75。

34 *Escape from Freedom* (New York: Rinehart, 1941) , pp.74ff。

已經犧牲並放棄他的「較低自我」，並不只是因為那不適合文明生存，更是因為他與壓抑性文明不相容。這種放棄的確是人類進步不可缺少的一步，然而，佛洛伊德的疑問——是否更高價值的文化並不必耗費個體這麼大的成本——必須被嚴肅以對。但精神分析哲學家講述這些價值時，沒有揭示其禁錮的內容，也沒有展現他們對個人**否定**了什麼，精神分析理論的這種忽略性在將佛洛姆愛的概念與佛洛伊德相比較時得以闡明。

佛洛姆寫道：

真正的愛根植於生產力中，且因此能恰當地被稱作「生產性的愛」，無論那是母親對孩子的愛、我們對人類的愛或兩個個體間肉慾之愛……本質都是相同的，那些基本元素能視作所有生產性的愛形式上所共有的特徵。它們是關心、責任、尊敬和知識[35]。

與這種意識形態闡述相比對的，是佛洛伊德對本能根據和愛的基礎的分析、對性

35 *Man for Himself*, p.98。

慾漫長且痛苦過程的分析。這種分析是多形態反常性的馴化和抑制，直到它最終融入溫柔和戀慕之中——這種融合並不穩定，且從未真正征服它的破壞性元素。與佛洛姆對愛的敘述相比，佛洛伊德在〈The Most Prevalent Form of Degradation in Erotic Life〉中的偶然敘述能與其對照：

> ……我們不能否認，今日文明中人類愛的行為都帶有生理上性無能的特徵。只有少數有文化的人，其溫柔和肉慾才能妥善地融合在一起：人們幾乎總是感覺他的性行為在對女人感到尊敬時受阻礙，且只有當他處在較低等的性對象面前，他才能展現全部的性慾潛能……[36]

依照佛洛伊德的說法，愛，在我們的文化中，可以且必然是作為「目標—抑制性慾」的實踐，隨著一夫一妻制社會施加的禁忌和約束，愛超越合理的表現，是破壞性的，且絕不有利於生產性和建設性工作。愛，認真來說，是違法的：「今日的文明生

---

36 *Collected Papers*, IV, 210。

活已容不下兩個人類之間單純自然的愛。」[37]但對修正主義者而言，生產力、愛、快樂和健康合併進入更大的和諧中；沒有任何文明造成人類間的衝突是成熟的人不能輕易解決的。

一旦人類願望和願望的實現內化並昇華成「更高的自我」，社會議題就成為首要的精神議題，且它們的解決方法就成為一種**道德**任務。修正主義者的社會學具體性其實就是表面的那層：因為重要的奮鬥是在人類「靈魂」中展開的。今日的英雄主義及對「機器和成功的神化」威脅到人類「最寶貴的精神領地」[38]，修正主義者將生物學領域降到最小，特別是性慾的作用，不只是從無意識轉而對意識關注，從本我轉而對自我關注，更同時從昇華前的表現轉變成關注人類生存昇華後的表現。當對本能滿足的壓抑性退回幕後，且喪失了其對人類實現的重要性，社會壓抑的深度就減少了，因此，修正主義強調「社會條件」在精神官能人格發展上的影響性是社會學和心理學層面的。這遠不及佛洛伊德對這些條件「忽視」來得重要，修正主義者肢解了本能理論，造成肉體需求領域的貶抑傳統，而推崇精神需求。於是，在對人的管制方面，社會部

37 *Civilization and Its Discontents*, p.77 note。
38 Fromm, *Psychoanalysis and Religion*, p.119。

分被淡化了；儘管對某些社會機構的批評直言不諱，修正主義者的社會學接受這些機構存在的基礎。

精神官能症，也同樣的是一種**道德**本質上的問題，且個體要為不能自我實現負責。的確，社會承受一部分責難，但長遠看來，是人類自己的錯誤：

> 看著自己的創作品，人們可以說，真的，這真好。但看著他自己時，他又能說什麼呢？……當我們創造出很棒的東西時，我們無法讓自己成為值得作出這種巨大努力的存在。我們的人生並非是兄弟情誼、快樂、滿意的，而是混亂和困惑[39]。

社會和個人之間的不和諧被提及，但又被棄置一旁。無論社會能對人們做什麼，它都讓個人或精神分析師聚焦在「完整人格」及其生產力發展上，按照霍妮的說法，社會創造某種典型的難處，「是累積的，且會造成精神官能症的形成」[40]。根據佛洛姆的說法，社會對個人的負面影響更嚴重一些，但這只是實踐生產性的愛和生產性思

39 Fromm, *Psychoanalysis and Religion*, p.1。

40 *The Neurotic Personality*, p.284。

想的挑戰。重點在於人們認真「看待其自身、其生命和快樂；在他的意願中去面對他和他所屬社會的道德問題。重點在於他成為他自己捍衛他自己而存在的勇氣」[41]。在極權主義的時代，個體全然成為操縱性的主—客體，以致對「健康和正常」的人們來說，甚至是區分「為自己」或「為別人」這種概念都毫不重要；那個時期，無所不能的機制用嘲笑和挫折懲罰不服從者——這種情況，新佛洛伊德主義哲學則告訴個體做自己並為自己而活。對修正主義者而言，社會壓抑那無情的事實將其本身轉變成一種「道德問題」——就像社會壓抑在各時代的服從哲學中所有的命運一樣。且當精神官能症的臨床事實「在最後的分析中，成為一種道德淪喪的症狀」[42]，那麼「精神分析對靈魂的治療」就成為一種宗教態度素養的教育[43]。

從精神分析脫逃到內在化的倫理和宗教，是這種精神分析理論修正的結果。如果人類生存的「創傷」不是人類生物學構造上的作用，且如果它不正是被文明本身結構所造成並維持的話，那麼精神分析就失去了深刻的層次。且前個體和超個體間（在個

41 *Man for Himself*, p.250。
42 *Man for Himself*, viii。
43 *Psychoanalysis and Religion*, p.76。

體發展和屬性發展上）的力量就呈現出一種合理或不合理的問題，是個體意識上的道德或不道德，精神分析理論的內容不只在於挖掘無意識的規則，更在於描述無意識中特定的本能動力，以及描述兩種基本本能的變遷。只有這種變遷的歷史才能揭示出文明強加與人們身上的壓迫。如果性慾並不是扮演佛洛伊德所歸類的結構性角色，那麼快樂原則和現實原則就不存在基本衝突；人類的本能天性被「純粹化」了，所以能夠全然地達到社會利用和被認可的快樂。正是因為佛洛伊德在性慾中看見了完整的快樂原則，所以他發現的「普遍性」的根源，就像是遠比個體經驗來得深層的精神官能性的不快樂，並辨識出所有意識經驗和受管理的壓抑底層那個主要的「結構性壓抑」。他非常認真看待這個發現——太過於認真，以至於沒有看見快樂以及在生產性的愛與其他生產性活動中，快樂的有效昇華。於是，他將實現快樂的文明定調成一種災難，是所有文明的宗旨。對佛洛伊德而言，真正的自由和快樂與壓抑性文明所實現和宣揚的偽自由和偽快樂間，有一個巨大的鴻溝將彼此分開。而修正主義者並沒有看見這種困難之處，因為他們將自由與快樂精神化了，所以可以說「生產的問題幾乎已經被解決了」[44]。

從未有過像今日這般，與人類實現最珍貴的希望如此靠近，我們科學的探索和技術成就，讓任何人都能獲其所需，這個時代來臨了[45]。

這種敘述是對的——但只是根據他們的矛盾而言：正因為人類從未與夢想的實現如此靠近，他們也從未如此被嚴格地約束；這是因為我們得以看見個人所需的普遍化性滿足，在這些滿足前被設置的最強悍的阻礙。只有在社會學的分析闡明這種關聯時，它才能超越佛洛伊德；否則那不過是一種無關緊要的潤飾，從被肢解的佛洛伊德本能理論延伸後所截取的。

佛洛伊德建立了一種人類自由快樂和性慾之間的獨立性連結。修正主義者透過自由與快樂的精神化而解決這樣的衝突，而必須弱化這種連接性。治療學上的發現導致性慾作用在理論上的減低；但這種減低在任何時候都是修正主義者不可或缺的。

44 Fromm, *Man for Himself*, p.140。

45 Fromm, *Psychoanalysis and Religion*, p.1。

性的問題，儘管有時在症狀的描繪中十分流行，它都不再能被視為精神官能症的動力中心。性障礙是精神官能特徵結構的某種結果而不是某種成因。道德問題，從另一個角度而言，變得很重要[46]。

這個概念遠遠低估了原欲的作用，它撤銷了佛洛伊德理論的內在方向。就在佛洛姆對伊底帕斯情結的重新詮釋中顯得更清楚了，這種詮釋試著「將性的領域翻譯成人際關係領域」[47]。這種翻譯的重點在於亂倫願望的本質並非是「性慾的渴望」，而是一種孩子維持保護、安全感的渴望。「胎兒自母親而生，又與母親生活在一起，且出生只是邁向自由和獨立方向的一步」，這是真的——但要獲得自由和獨立（如果真的有），將會受苦於缺乏、順從和痛苦；且誕生是第一步也是最恐怖的一步，它**遠離**了滿足和安全。佛洛姆對伊底帕斯情結理想性的解釋，意味著對自由遭受不幸的接受程度，也意味著接受與滿足的分離；佛洛伊德理論意味著伊底帕斯願望是嬰兒全然**抗議**

46 Horney, *New Ways in Psychoanalysis* (New York: W. W. Norton, 1939), p.10。

47 *Psychoanalysis and Religion*, pp.79ff。同樣參見 Fromm 在 *The Forgotten Language* 中更複雜的解釋（New York: Rinehart, 1951），pp.231-235。

抵擋著這種分離——並不是為抵擋自由而抗議，而是為抵擋痛苦、壓抑性的自由。反過來說，伊底帕斯願望是嬰兒全然對自由原型的渴望：擺脫缺乏的自由。且因為（非壓抑性的）性本能是這種自由原型生物性的攜帶者，伊底帕斯願望本質上是一種「性渴望」。它天然的目標並非是作為母親的母親，而是作為女人的母親——也就是滿足的女性原則。這裡，接受的、休息的、無痛的和全然滿足的愛欲和死亡本能（回到子宮裡）非常接近，快樂原則與涅槃原則非常接近，愛欲在這裡展開它的第一場爭鬥，抵抗現實原則所代表的所有事物：抵抗父親、抵抗統治、昇華、順從。漸漸地，自由和實現與這些父權原則聯繫起來了；需求的自由犧牲了，轉而變成道德和精神的獨立性。這是第一個威脅文明心理基礎的，對母親—女性的「性渴望」；這種性渴望使得伊底帕斯衝突成為了個人和其所屬社會衝突的原型。如果伊底帕斯願望本質上不過就是保護和安全感（「逃離自由」的願望），如果孩童的願望只是那不被允許的安全感，而非不被允許的快樂，那麼伊底帕斯情結的確會出現某種教育問題。這樣一來，它就能被處理，而不用揭露社會的本能危險區域。

拋棄死亡本能也能獲得同樣的好處。佛洛伊德對死亡本能的假說以及死亡本能在文明攻擊性中的作用，遮蔽掉了其中一種被忽視的文明謎團；它揭示出壓迫者和受壓迫者、士兵和長官、個人和領導者隱藏在無意識中的連結。標識出統治框架中文明進展的整體攻擊性，雖然表面上是能夠被取消的，但它仍透過作為人類工具和犧牲者的一員，對它們劊子手本能上的認同得以維持。在第一次世界大戰期間，佛洛伊德曾寫道：

想想那些如今被允許散布在文明世界中的巨大殘虐、冷酷和謊言，你真的相信如果那些成千上萬的支持者沒有罪，那一票官迷和迂腐之人還能成功作惡多端嗎？[48]

但是這個假說假定的衝動並不符合修正主義者擁護的進步道德主義哲學。卡倫．霍妮簡潔說明了修正主義者的立場：

佛洛伊德對死亡本能的假設暗示著敵對或破壞性最終的功能，存在於破壞衝動中。於是他轉而與我們相信的相反，那就是我們破壞是為了生存；我們生存是為了破

48 *A General Introduction to Psychoanalysis*, pp.130-131。

壞[49]。

這種對佛洛伊德概念的渲染是不正確的。他並不認為我們生活是為了破壞；破壞本能不是與生命本能對抗，就是為其服務；而且，死亡本能的目標本身並非破壞性的，而是要消除對破壞的需要。霍妮認為，我們希望　滅是因為我們「正遭受或感覺到危險、羞辱、虐待」，是因為我們想要捍衛「我們的安全或我們的快樂，或捍衛讓我們感到安全和快樂的事物」。並沒有任何精神分析理論有必要達成這種結論，從遠古以來，這個結論就用來為個人或國家的攻擊性辯護，要嘛我們的安全真的被威脅了，因而我們　滅的欲望是一種明智且合理的反應；要嘛我們只是感受到威脅，那造成這種感受的個人和超個人因素就必須加以探討。

修正主義者拋棄了死亡本能，伴隨另一種論點，這實際上似乎指出了佛洛伊德理論相較於積極的修正主義社會學定調，顯得「保守」了。佛洛伊德對一種死亡本能的假設：

49 *New ways in Psychoanalysis*, pp.130-131。

……將癱瘓所有為了在特定文化條件中找尋破壞原因的努力。必然同樣癱瘓在此條件中去改變任何事的努力。如果人類本來就是破壞性且因此不快樂，為何要堅持一種更好的未來[50]？

修正主義者的這個論點，低估了在佛洛伊德的理論中，衝動被修正而造成歷史「變遷」的程度。我們曾暗示死亡本能的能量並不必要去「癱瘓」達成「更好未來」的努力；相反地，這種努力是被文明所設置在生命本能上的系統性約束所癱瘓掉的，且造成它無法有效地「連接上」攻擊性。涉及「更好未來」的實現限制遠多於對「市場」壞元素的限制，遠多於對競爭性的「無情」或諸如此類的限制；它涉及的是一種本能基礎如同文化基礎上的改變，對更好未來的堅持並非是被佛洛伊德對這些意義的關注所癱瘓，而是因為修正主義者對「精神化」的關注，而隱藏了現在與未來分裂的鴻溝。佛洛伊德並不相信預期的社會文化將足以改變人類天性，而擺脫外在與內在的壓迫，然而，他的「宿命論」也並非絕對。

50 *New ways in Psychoanalysis*, p.132。

對本能理論的肢解完全反轉了佛洛伊德理論，佛洛伊德理論的內在方向（從本我到自我的「治療計畫」明顯相反），是從意識到無意識、從個人到童年、從個人到屬系的過程。理論從表面到深層，從「已完成」和處在條件中的人到人的根源及因素。這種動態是佛洛伊德批判文明的核心；只有借助隱藏在成熟個人其私人與公共生存的神祕形式背後的「倒退性」，將批判性倒退推回最深的生物學層次，佛洛伊德才能闡明包含在這種神祕形式中的破壞內容，並同時闡明文明壓抑的全貌。將生命本能的能量定義為原欲，意味著將其滿足與精神性超驗主義相互矛盾：佛洛伊德對快樂和自由的主張明顯是批判性的，這是由於他是唯物主義的——反抗對需求的精神化。

新佛洛伊德主義反轉了佛洛伊德理論的內在方向，將強調重點從有機體轉變成人格，從物質基礎轉變成理想價值，他們各種不同的修正在邏輯上仍然是一致的：一個蘊含著另一個。其整體或可摘述如下：「文化定位」遇到了作為既成產品的、以客觀實體（即被給予的而非被創造的）形式出現的社會體制和關係。要承認這種形式的社會體制和關係，需要將心理學重點從嬰兒轉移到成人，因為只有在發展後的意識層次，才能讓文化環境成為可定義的，且是作為超越生物學層次的決定性特徵與人格。相反地，只有貶低生物性因素，肢解本能理論，才能使人格根據客觀文化價值而被定義。這種價值是從否定人格實現的壓抑性來源中選出來的。為了將這種價值呈現為自由和滿足，必須清除構成它們的內容，且為這種實現的奮鬥必須轉為精神性和道德性的奮鬥。修正主義者並非像佛洛伊德那樣堅持本能需求具有長遠的真理價值，他們認為這種長遠的價值必須被「打破」，這樣人類就能在人際關係間具有作用。因為放棄了這種精神分析描繪所有批判性洞見的堅持，修正主義者們屈服於現實原則的負向元素，那正是他們曾經振振有詞批判過的。

譯後記

美好，也非常剛好地，在這個人們身心飽受各方壓抑的疲憊年代，這本經典以全新面貌問世了。《愛欲與文明》無疑是現代人思想的重要指引。

我們都是這麼「長大」的：為了適應現實世界的一切、學會父母師長教給我們的事、在社會中避免被淘汰，我們拼了命地去認同他人所認同的、成為他人所期待的。

於是，漸漸地，社會進步、文明發達了、人類很少苦於捱餓受凍，我們似乎獲得了相對的報酬。認真地工作、加班，幾乎二十四小時為生存而待命。我們用辛苦工作賺取的金錢犒賞自己和家人，我們終於獲得了一間需要三十年貸款的房子，終於買下全家人一起乘坐的汽車。到了假日，能去商場購物、去景點旅遊、享用美食，我們看見許多人幾乎這樣「安穩踏實地」渡過一生。

可是，我們突然注意到，自己在這些過程中逐漸變得不大順暢。身體健康似乎沒有預期的好，睡眠品質越來越差、憂鬱的情形比以前增加許多、疲憊幾乎淹沒日常生活。我們開始受不了職場中的同事、路上惱人的汽機車、在商場跟我們一起排隊的民眾、電視裡的那些保證一切都會更好的政治人物們……這一切的一切都令人厭煩。

我們也許求助朋友、醫療、宗教、身心靈成長課程，設法「改善」自己的「不知足」、「不夠努力」或者「想太多」，我們相當沮喪，明明用盡一切力氣適應社會，但如今自己看起來卻是最格格不入的那個。道德與罪惡感無時無刻監控著我們，我們只有服從，亦或耗費巨大成本去破壞，到頭來，自己居然在破碎狀態裡無法脫身。

我們也許憤恨地控訴那些威權觀念，它們過時、傳統且陳腐，儘管已經沒有直接被壓迫，但那來自底層的「不自由」感受卻是千真萬確地困擾著我們，因此，如果不是那些威權主義的罪，這一切又該誰來負責呢？這個社會是如此進步、標準化和理性，甚至如此民主、多元、開放，然而我們竟無法全身心活在這種理智的狀態中。

馬庫色從佛洛伊德的理論基礎分析，他認為整體的文明結構必須被重新檢視。那些我們所認同的合理性，或許只是人類生命漫長歷史中的一種偶然。從本能驅力的角度觀點來看，人類在根本上受到相當大的壓抑。而這種壓抑具有歷史性，從原始部落演變到文明社會，其目的在於控制。文明存在根深蒂固的觀念，相信整個世界是場零和遊戲。人類征服自然、征服他人，創造出新時代取代舊時代。

馬庫色援用佛洛伊德理論的伊底帕斯情結分析這種循環。人們打從原始部落時代，就不斷想從極權統治者的支配中掙脫，並且建立自己認可的「自由」世界。但最終，革命總是帶來另一種極權形態、框架與支配。對自由的承諾始終沒有兌現，而人們依然渴望著解放。

最後，先進的工業社會來臨。文明的統治者被各種標準化的機構和系統取代。人們成為了自動化運轉中的一個小齒輪。家庭與個人的概念式微，人類全面公共化、成為了整體的一部分，受社會進步的生產力以及資本主義價值觀影響，我們將文明的壓抑性徹底內化。

文明崇尚生產力，將工作細分成體制中的專業部門，人們以異化勞動的方式運作著。個人耗費大量時間在工作上，然而工作的成果卻不直接回報給個人，而是用固定薪資配給。個人與他所從事的異化勞動生產能力劃上等號，越具生產力的工作，就能得到越高的薪水。

在馬庫色看來，這種異化帶來雙重壓抑。第一重，異化勞動本身完全掩蓋了人類的多面性以及佛洛伊德所謂的生物本能性。第二重，則是這種異化帶來的「匱乏感」，也就是人們必須積極證明自己的生產力，好獲取本來就十分有限的資源，才能夠過更舒適的生活。這件事讓人們打從內心強迫自己認同壓抑性，並且極度恐懼生產力不足所帶來的生存威脅。人們在體制裡由內而外地約束自己、認同壓抑，異化徹底地完成了。

然而，正是文明走到今日，一切生產力條件具足的情況下，馬庫色看見了新的可能性：如果機械化和自動化取代大量的人力，而社會所供應基本需求已經能讓每個人活在舒適的環境中，那麼，文明越進步，則人們獲得的時間與空間應當越寬闊。這些多出來的時間和精力就有機會發展本能自由，也就是發展愛欲的可能性。

這種可能性是什麼？我們如果不從現實生活中具體的消費行為、精神生活的充實、各種禁忌（例如性和藥物）等解放去設想自由，那麼，真正的愛欲自由流動該是什麼樣子？馬庫色認為，真正的自由應該是踏踏實實存在文明當中的。它既不是幻想中的烏托邦，也不是波西米亞風格的放蕩不羈，它如實存在生命根本的狀態中。

馬庫色用兩位神話人物象徵這種自由原型：奧菲斯和納西瑟斯。在人類尚未具有壓抑性文明主─客體概念的時候，人類從自身看見宇宙的全貌。這和普羅米修斯的英雄神話不同，它不具備任何向外開創、征服、進化等元素。所謂的「外在世界」，追根究柢，都是我們深層內在的投射。因此，我們若能恢復身心的本來面目，就能再度獲得本能能量釋放的機會。

我們必須找回全然的感性、美學維度和時間的「永劫回歸」狀態。這不是天馬行空的想像，而是確實出現在真實世界的寶貴經驗。但因為愛欲的流動始終面向著快樂原則，因此在壓抑性的文明中經常受到責難，越是反應真實自由的作品就越是受到強烈壓抑或修正。例如納西瑟斯自戀的負面象徵性、尼采被嘲笑的瘋狂、感性的「低階官能」面向……諸如此類的。馬庫色認為，這些撻伐不只是因為它們呈現出失控狀態，更是因為這些面向抵抗了現實原則中的「生產力」，也無視於生產力所延伸出的一切道德標準與自我要求。簡單來說，就是抵抗了「壓抑」而受到某種程度的懲罰。

因此，馬庫色認為，唯有透過「美學」和「知識」的提升，才能讓感性官能與理性官能相互合作、彼此平衡。現實與想像必須透過美學洞察力，方能在現實中為愛欲的自由而服務。這是並肩而行，沒有拉扯支配。

最終，佛洛伊德本能理論裡永遠鬥爭的兩端——愛欲和死欲，將匯合往同一種方向前行，在自由裡共生。人與人之間、人與社會機構之間、人與自然環境之間，將不再是相互支配、控制的或競爭的關係。這就像是「母性原則」的社會，一切萬物都只是為它所是而生長，我們終其一生所需要做的，就是從土壤而生，並成為土壤。

當人們不再以死亡當作線性時間的終點，死亡就成為永恆存在的一部分。浪漫主義哲學曾提過類似的觀點，它們認為回歸「自然原始狀態」才能擺脫體制的壓抑。但馬庫色認為，文明社會中的愛欲自由應是與文明同在的。我們無法強迫性地放棄或推翻現有世界，而退回蠻荒時代、追求理想主義的烏托邦，這非但不切實際，甚至本質上仍是壓抑性的。相反地，文明撤除為少數人統治利益所強加的「額外壓抑」（surplus repression）與「操作原則」（performance principle）後，只為必要的生存資源維持現實工作，就有更多的時間空間自由發展愛欲。社會在各方面將趨於自在、舒適和流暢的。一切都是順勢而為、自然而然發生的。

馬庫色被稱為「新左翼之父」，受到廣大社會運動年輕人愛戴，他的思想充滿人文關懷、包容、寬厚且善解人意。他曾說，新一代抗爭的年輕人不需要新的父親、新的祖父來當新時代統治者，他們只是回應生命底層的召喚，用自己未來的生命作為賭注，不得不以任何形式起身反抗、爭取自由。馬庫色這本經典思想密度極高，是一部繁多概念匯集而成的理論。然而，在翻譯過程中，我從細密文字背後所感受到的，卻是一位充滿力量、對未來抱持希望的老教授，他鏗鏘有力地叮囑現代社會中的人們：要自由、要踏實、要真實存在著。

馬庫色從不保證一種「不再有衝突焦慮的完美未來」，是因為他認為，即使在非壓抑的文明中，內外在衝突依然永遠存在。但是這是為發展愛欲的必經過程，而不是為解決生存匱乏的徒勞和掙扎。真正的安全保證並非固著於任何物品的持有，而是再也不被任何生存不安全感抓住、套牢一生。馬庫色畢生所努力的，就是藉由揭示文明真相來提醒疲倦的現代人：從最初的本能生物動力開始，生命，遠比現在具有更多面的可能性。

願最終，我們都能踏實地活在真正的自由裡。

二〇二二年冬 晴晴

國家圖書館出版品預行編目資料

愛欲與文明：關於佛洛伊德的哲學探討 / 赫伯特．馬庫色 (Herbert Marcuse) 著；林晴晴 譯. -- 初版. -- 臺北市：商周出版：英屬蓋曼群島商家庭傳媒股份有限公司城邦分公司發行, 民111.12
面； 公分
譯自：Eros and Civilization : a philosophical inquiry into Freud
ISBN 978-626-318-500-5（平裝）
1. CST: 佛洛伊德 (Freud, Sigmund, 1856-1939) 2. CST: 學術思想
3. CST: 精神分析學 4.CST: 哲學
175.7 111018535

愛欲與文明：關於佛洛伊德的哲學探討

Eros and Civilization : a philosophical inquiry into Freud

作　　者 / 赫伯特．馬庫色（Herbert Marcuse）
譯　　者 / 林晴晴
企畫選書 / 劉俊甫
責任編輯 / 劉俊甫

版　　權 / 吳亭儀、林易萱
行銷業務 / 黃崇華、周丹蘋、賴正祐
總 編 輯 / 楊如玉
總 經 理 / 彭之琬
事業群總經理 / 黃淑貞
發 行 人 / 何飛鵬
法律顧問 / 元禾法律事務所 王子文律師
出　　版 / 商周出版
臺北市中山區民生東路二段141號9樓
電話：(02) 2500-7008 傳眞：(02) 2500-7759
E-mail：bwp.service@cite.com.tw
發　　行 / 英屬蓋曼群島商家庭傳媒股份有限公司城邦分公司
臺北市中山區民生東路二段141號2樓
書虫客服服務專線：(02) 2500-7718．(02) 2500-7719
24小時傳眞服務：(02) 2500-1990．(02) 2500-1991
服務時間：週一至週五09:30-12:00．13:30-17:00
郵撥帳號：19863813 戶名：書虫股份有限公司
E-mail：service@readingclub.com.tw
歡迎光臨城邦讀書花園 網址：www.cite.com.tw
香港發行所 / 城邦（香港）出版集團有限公司
香港灣仔駱克道193號東超商業中心1樓
電話：(852) 2508-6231 傳眞：(852) 2578-9337
E-mail：hkcite@biznetvigator.com
馬新發行所 / 城邦(馬新)出版集團 Cité (M) Sdn. Bhd.
41, Jalan Radin Anum, Bandar Baru Sri Petaling,
57000 Kuala Lumpur, Malaysia
電話：(603) 9057-8822 傳眞：(603) 9057-6622
E-mail：cite@cite.com.my

封面設計 / 周家瑤
排　　版 / 新鑫電腦排版工作室
印　　刷 / 韋懋印刷事業有限公司
經 銷 商 / 聯合發行股份有限公司
電話：(02) 2917-8022 傳眞：(02) 2911-0053
地址：新北市231新店區寶橋路235巷6弄6號2樓

■2022年（民111）12月初版1刷
定價 500元

Printed in Taiwan
城邦讀書花園
www.cite.com.tw

ISBN 978-626-318-500-5

商周出版

廣　告　回
北區郵政管理登記
台北廣字第000791
郵資已付，免貼郵

104台北市民生東路二段141號2樓

英屬蓋曼群島商家庭傳媒股份有限公司　城邦分公司

請沿虛線對摺，謝謝！

商周出版

書號：BK7116	**書名：**愛欲與文明	**編碼：**

請於此處用膠水黏貼

商周出版

讀者回函卡

線上版讀者回函卡

感謝您購買我們出版的書籍！請費心填寫此回函卡，我們將不定期寄上城邦集團最新的出版訊息。

姓名：＿＿＿＿＿＿＿＿＿＿＿＿＿＿＿＿ 性別：□男 □女

生日：西元＿＿＿＿＿＿年＿＿＿＿＿＿月＿＿＿＿＿＿日

地址：＿＿＿＿＿＿＿＿＿＿＿＿＿＿＿＿＿＿＿＿＿＿

聯絡電話：＿＿＿＿＿＿＿＿＿＿＿＿ 傳真：＿＿＿＿＿＿＿＿＿＿

E-mail ：

學歷：□ 1. 小學 □ 2. 國中 □ 3. 高中 □ 4. 大學 □ 5. 研究所以上

職業：□ 1. 學生 □ 2. 軍公教 □ 3. 服務 □ 4. 金融 □ 5. 製造 □ 6. 資訊

□ 7. 傳播 □ 8. 自由業 □ 9. 農漁牧 □ 10. 家管 □ 11. 退休

□ 12. 其他＿＿＿＿＿＿＿＿＿＿＿＿＿＿＿＿＿＿＿＿

您從何種方式得知本書消息？

□ 1. 書店 □ 2. 網路 □ 3. 報紙 □ 4. 雜誌 □ 5. 廣播 □ 6. 電視

□ 7. 親友推薦 □ 8. 其他＿＿＿＿＿＿＿＿＿＿＿＿＿＿

您通常以何種方式購書？

□ 1. 書店 □ 2. 網路 □ 3. 傳真訂購 □ 4. 郵局劃撥 □ 5. 其他＿＿＿＿

您喜歡閱讀那些類別的書籍？

□ 1. 財經商業 □ 2. 自然科學 □ 3. 歷史 □ 4. 法律 □ 5. 文學

□ 6. 休閒旅遊 □ 7. 小說 □ 8. 人物傳記 □ 9. 生活、勵志 □ 10. 其他

對我們的建議：＿＿＿＿＿＿＿＿＿＿＿＿＿＿＿＿＿＿＿＿＿＿

＿＿＿＿＿＿＿＿＿＿＿＿＿＿＿＿＿＿＿＿＿＿

＿＿＿＿＿＿＿＿＿＿＿＿＿＿＿＿＿＿＿＿＿＿

請於此處用膠水黏貼